ÉTUDE

SUR LE

DROIT DE PROPRIÉTÉ

DES

OEuvres dramatiques

et musicales

PAR

LOUIS CATTREUX

BRUXELLES
FERDINAND LARCIER
Éditeur
10, RUE DES MINIMES, 10

PARIS
ARTHUR ROUSSEAU
Éditeur
13, RUE SOUFFLOT, 13

1883

ÉTUDE

SUR LE

DROIT DE PROPRIÉTÉ

DES

OEUVRES DRAMATIQUES ET MUSICALES

BRUXELLES. — IMPRIMERIE A. LEFÈVRE, RUE SAINT-PIERRE, 9

ÉTUDE

SUR LE

DROIT DE PROPRIÉTÉ

DES

OEuvres dramatiques et musicales

PAR

LOUIS CATTREUX

<table>
<tr><td>BRUXELLES
FERDINAND LARCIER
Éditeur
10, RUE DES MINIMES, 10</td><td>PARIS
ARTHUR ROUSSEAU
Éditeur
13, RUE SOUFFLOT, 13</td></tr>
</table>

1883

Observations préliminaires

Le but de ce travail est d'étudier et de discuter l'application qui a été faite en Belgique, des dispositions légales qui régissent la propriété littéraire en matière d'ouvrages dramatiques et musicaux.

Le principe de la propriété littéraire est aujourd'hui définitivement acquis. Nous n'examinerons donc pas le point de savoir s'il réunit les éléments de la division tripartite en droits réels, personnels ou d'obligation, et s'il faut maintenir ou abandonner l'appellation de « propriété littéraire » pour y substituer celle de « droits intellectuels ». La dénomination importe peu. Ce qui domine, c'est le principe, c'est la reconnaissance du droit (1).

Ceux qui revendiquaient naguère les droits du public, en combattant le respect des œuvres de l'intelligence et du génie, ne peuvent plus y opposer les abstractions philosophiques et les fictions juridiques.

----

(1) M. Edmond Picard a publié sur ce point une remarquable dissertation que l'on trouvera en tête du 2ᵉ volume des *Pandectes Belges*.

Nous constatons que, dans cette matière, les législateurs de tous les pays ont fini par obéir à cette force d'ensemble et d'affinités contre laquelle on cherchait vainement à réagir.

Nous reprendrons les principes généraux qui régissent la matière et dont les principaux éléments ont été oubliés ou dénaturés pendant un grand nombre d'années. Nous apprécierons tous les faits dans leur ordre et suivant les circonstances qui y ont donné naissance. Nous signalerons les erreurs et les contradictions qui se sont produites dans la pratique et qui ont eu pour conséquence d'enlever aux auteurs nationaux et étranger les bienfaits d'une législation dont ils pouvaient réclamer le bénéfice.

Nous aurons ainsi à nous occuper de la situation faite aux auteurs et aux compositeurs français qui fournissent presque exclusivement le répertoire exploité dans notre pays.

Spécialement, nous démontrerons que la récente convention franco-belge du 31 octobre 1881, promulguée le 13 mai 1882, a renouvelé des égarements ou des confusions d'idées qui entachaient les conventions antérieures et qui avaient été dissipés, après de longs et laborieux efforts, par des décisions de la justice belge en mai et août 1880.

Il en résulte que les dispositions restrictives de la nouvelle convention franco-belge n'ont aucune force légale et qu'elles sont virtuellement abrogées par les avantages accordés à divers États européens.

En d'autres termes, par application de la jurisprudence de la cour d'appel de Bruxelles et du principe du traitement de la nation la plus favorisée, les Français peuvent réclamer, en Belgique, les mêmes droits que les auteurs nationaux. Dès lors, ils possèdent *de plano* la pleine propriété de leurs œuvres, et il n'aurait pas fallu ressusciter, dans la nouvelle convention du 31 octobre 1881-13 mai 1882, les restrictions qui forment un régime d'exception pour les Français dans notre pays.

Nous exposerons ensuite que le décret du 21 octobre 1830, qui constitue, en Belgique, la déclaration des droits des auteurs et compositeurs dramatiques, a reçu une interprétation erronée. Il en est résulté une doctrine diamétralement opposée au but que le législateur a eu en vue et manifestement contraire à la pensée générale et au souffle d'émancipation et de liberté qui a inspiré les auteurs du décret.

Si le système que nous présentons est admis, il en découlera cette démonstration que, par l'exécution irrationnelle du décret du 21 octobre 1830, on a injustement dépouillé les auteurs *nationaux* et *étrangers* des droits consacrés par la législation antérieure, et que le décret de 1830 venait confirmer et même développer. En outre, il en résultera cette conséquence que toutes les conventions littéraires conclues par la Belgique avec les États européens étaient absolument inutiles au point de vue de la représentation des ouvrages dramatiques et musicaux.

En effet, le décret, appliqué comme il aurait dû l'être, garantit complètement les droits des auteurs nationaux et étrangers contre les représentations ou exécutions illicites.

Les opinions que nous soutenons, à cet égard, sont la consécration juste et vraie de la législation. Elles sont conformes à la jurisprudence fixée en France et qui s'applique aux lois portées, dans la matière qui nous occupe, depuis 1791 jusqu'en 1815, et communes à la Belgique et à la France.

Nous ferons ensuite l'exposé et le commentaire de toute la législation.

Nous reprendrons les lois de 1791, 1793, le code pénal de 1810. Nous prouverons que ces lois reconnaissent et protègent les œuvres littéraires et musicales. Ces dernières ont toujours échappé, en Belgique, à la sanction légale, et nous rappellerons les dommages que ce déni de justice a infligés aux compositeurs nationaux.

Nous traiterons également des représentations organisées par les cercles, les sociétés, les fêtes de bienfaisance, etc. Nous y appliquerons la législation du pays et la jurisprudence qui s'y rattache.

Nous avons divisé notre travail en quatre parties :

La première est relative aux droits des auteurs et compositeurs étrangers ; la deuxième concerne les nationaux ; la troisième s'occupe des droits des nationaux et des étrangers ; la quatrième résume l'ensemble de la question, elle applique les principes du droit international et conclut à la prompte réalisation d'une législation européenne sur la matière.

Pour compléter l'étude de la propriété littéraire et artistique nous nous proposons de faire paraître ultérieurement, un travail s'appliquant aux arts plastiques et nous chercherons ainsi à combler une lacune fort regrettable dans les travaux juridiques publiés en Belgique depuis 1830.

Résumé de l'ouvrage

DEUXIÈME PARTIE

LÉGISLATION APPLICABLE AUX AUTEURS ET COMPOSITEURS

NATIONAUX

TROISIÈME PARTIE

LÉGISLATION COMMUNE AUX AUTEURS ET COMPOSITEURS
NATIONAUX ET ÉTRANGERS

QUATRIÈME PARTIE

APPLICATION DES PRINCIPES DU DROIT INTERNATIONAL. — CONCLUSION

PREMIÈRE PARTIE

LÉGISLATION APPLICABLE AUX AUTEURS ET COMPOSITEURS ÉTRANGERS

Première section

Aperçu historique et juridique

—

CHAPITRE PREMIER

EXPROPRIATION ILLÉGALE DES DROITS DES AUTEURS ET DES COMPOSITEURS FRANÇAIS.

Dans le travail que nous avons publié, en 1880, sous le titre : *Le théâtre et les auteurs dramatiques envisagés au point de vue de la législation belge,* nous avons fait l'exposé de la législation en cette matière.

Nous avons rappelé que la loi des 13-19 janvier 1791

forme la base initiale de la propriété des ouvrages dramatiques ou musicaux et que le décret du gouvernement provisoire du 21 octobre 1830 n'a fait qu'en reproduire l'esprit et les termes.

Or, de 1830 à 1880, on n'avait guère réclamé, en Belgique, l'application de la loi de 1791, ni des décrets qui en ont développé et étendu les principes, notamment ceux des 19 janvier-6 août 1791, 19-24 juillet 1793, 8 juin 1806, ni des articles 425 à 429 du code pénal de 1810.

Dans les rares contestations qui ont surgi avant 1880, on ne s'est généralement basé que sur le décret du 21 octobre 1830. Les auteurs et compositeurs n'ont pas revendiqué les avantages de la législation antérieure à 1830, et c'est par une interprétation erronée de la législation et du décret de 1830 que les auteurs nationaux et étrangers ont été, en quelque sorte, dépouillés de leurs droits.

A partir de 1852, et pour satisfaire aux réclamations et aux revendications des gouvernements étrangers, la Belgique a été amenée à conclure des conventions littéraires internationales.

La Belgique était, jusqu'à la conclusion de la première convention littéraire, du 22 août 1852, la terre classique de la contrefaçon. Cette industrie y florissait surtout au point de vue de la reproduction des ouvrages par l'impression, et le premier traité, mettant fin à cette exploitation, fut réclamé par la France et voté par les chambres belges.

Contrairement aux usages, aux traditions parlementaires, et, par un exemple unique dans nos annales législatives, cette convention fut discutée en comité secret, par la chambre des représentants et par le sénat. Elle fut promulguée le 14 mai 1854. (1)

Les auteurs de la convention de 1852 estimaient que la législation en vigueur dans notre pays, ne s'appliquait pas aux étrangers.

C'était une erreur. Nous en faisons la démonstration dans la 3ᵉ partie de notre ouvrage.

Quoiqu'il en soit, le but du gouvernement de cette époque était de faire reconnaître, en Belgique, les droits des Français sur leurs œuvres dans le domaine intellectuel.

Nous rappelons ici, avec plaisir, un passage du rapport fait à la chambre des représentants par M. le chanoine de Haerne sur la convention franco-belge :

« Il y a dans les nobles travaux de l'intelligence autre chose que l'effort matériel auquel ces œuvres donnent lieu et qui seul peut les assimiler au travail industriel, mais ici l'invention, la conception, les mettent sur le même rang que les découvertes brevetées. Il y a, en outre, la forme qui fait presque tout en matière d'art et de littérature et qui élève les auteurs d'ouvrages nonseulement au-dessus des manipulations de l'industrie, mais même au-dessus des inventions industrielles.

« Cette forme, c'est la pensée, l'âme, le cœur de l'artiste ; elle est spéciale, personnelle, inaliénable. C'est là ce que la convention veut respecter comme ce qu'il y a de plus grand, de plus beau et de plus sacré parmi les

(1) Présentation à la chambre, le 2 mars 1854.—Rapport de M. de Haerne, le 21.

Discussion en comité secret, les 28, 29, 30 et 31 mars. — Adoption le 1ᵉʳ avril, par 63 voix contre 15 et 2 abstentions.

Rapport au sénat par M. Grenier-Lefebvre, le 5 avril. — Discussion en comité secret et adoption le 6 avril, par 27 voix contre 10 et 1 abstention.

productions auxquelles l'activité humaine donne naissance. »

M. Charles de Brouckère, ministre des affaires étrangères, disait dans l'exposé des motifs du projet de loi :

« La convention de 1852 consacre l'égalité de position
des auteurs dramatiques et des compositeurs de musique
relativement à la représentation ou à l'exécution de leurs
œuvres.

« L'article 3 détermine le taux des droits à payer, à
défaut d'un accord entre les parties intéressées. Ce tarif
n'est pas arbitraire; le taux des droits est modéré; il
est inférieur au tarif établi en France dans les villes de
province. »

Il est donc évident que les auteurs de la convention
voulaient assurer loyalement la reconnaissance du principe de la propriété littéraire et artistique.

Malheureusement, le texte de la convention ne fut
pas appliqué dans ce sens, et les dispositions restrictives
vinrent bientôt contribuer à une exécution erronée et à
une jurisprudence hostile aux principes généraux déposés dans la convention.

En 1866, MM. Meilhac, Halévy et Offenbach voulu-
rent interdire à Bruxelles les représentations de la *Belle
Hélène*. Ils furent déboutés et condamnés aux dépens.
Il fut décidé par le tribunal de 1ʳᵉ instance, par la cour
d'appel et par la cour de cassation, que les directeurs
belges pouvaient représenter les ouvrages des auteurs
français, sans leur autorisation, moyennant de payer
les droits fixés par le tarif de la convention (6 francs
minimum et 18 francs maximum), et seulement pour les
œuvres postérieures au 14 mai 1854; les œuvres antérieures à cette époque étant frappées de prescription.

Les tribunaux avaient décidé également, à plusieurs reprises, que les droits d'auteur ne s'appliquaient qu'aux *actes*, et que les ouvrages qui n'avaient pas cette coupe par *actes* n'étaient pas protégés par les lois du pays.

Cette situation, on le reconnaîtra, était quelque peu arbitraire et barbare. Nous avons recherché les moyens d'y mettre fin.

C'est dans ces conditions que nous avons présenté un système, fondé en droit, pour combattre l'interprétation restrictive et erronée, suivant nous, des dispositions du traité franco-belge et nous avons eu la bonne fortune de voir accueillir et ratifier notre opinion par la justice belge.

CHAPITRE II

Au mois de février 1880, MM. Zola et Busnach,
auteurs du drame *l'Assommoir*, venaient d'être déboutés
et condamnés aux dépens par le tribunal de commerce
d'Anvers pour avoir assigné le directeur du Théâtre flamand, qui s'était procuré le manuscrit du drame, l'avait
traduit et représenté, sur le théâtre de la foire, sans
aucune intervention des auteurs.

Le 1ᵉʳ septembre 1879, le tribunal de commerce
d'Anvers avait décidé que les auteurs français n'ayant
pas traduit ou représenté en flamand leur œuvre, dans
les six mois de la première représentation à Paris, ils
étaient forclos et déchus de leurs droits.

Cette décision était évidemment destructive de la
propriété des œuvres littéraires ou artistiques, et
elle faisait une confusion manifeste entre le droit de
traduction et celui de représentation.

Dans le travail que nous avons publié, à l'occasion de
ce procès, nous avons démontré l'injustice et l'inégalité
de traitement qui venaient frapper les auteurs français.

En présence de la jurisprudence adoptée en 1866, et

que nous avons rappelée plus haut, nous ne pouvions songer à obtenir un retour sur une doctrine consacrée par les trois degrés de la juridiction judiciaire. Elle avait été fixée contre les auteurs, malgré tous les efforts du savant jurisconsulte, l'avocat M. Orts, qui s'était prévalu de l'esprit de la convention franco-belge de 1852.

Pour obtenir un changement de jurisprudence, il importait donc de démontrer que les dispositions restrictives de cette convention étaient sans effet, et nous avons trouvé ce moyen dans d'autres conventions internationales qui accordaient à divers États, des avantages plus grands que ceux concédés par le traité littéraire franco-belge.

Nous réclamâmes l'application du traitement de la nation la plus favorisée, et la cause fut ainsi portée devant la cour d'appel de Bruxelles, qui, sur la plaidoirie de l'éminent et regretté Mᵉ Louis Leclercq, rendit, le 17 mai 1880, l'important arrêt de principe qui suit ci-dessous (1) :

(1) ARRÊT. — « Attendu que l'intimé a représenté sur son théâtre, à Anvers, la traduction d'une pièce intitulée l'*Assommoir*, due à la collaboration de Zola, de Busnach et de Gastineau ;

» Attendu qu'il l'a fait sans le consentement de ces derniers ;

» *Attendu que l'auteur d'une œuvre littéraire a sur elle un droit exclusif; qu'il peut seul la publier, la vendre et la distribuer;*

» *Attendu que ce droit absolu doit comprendre en soi le droit de traduction ;* que l'on objecterait en vain que la traduction ne s'adresse pas au même public que l'œuvre originale; que la connaissance des langues étrangères est suffisamment répandue pour qu'il y ait des personnes capables de lire l'ouvrage dans la langue primitive ou dans celle où il aura été traduit, et qu'il s'en trouvera nécessairement parmi elles qui préféreront la traduction, parce que la lecture leur en sera plus facile ;

» Attendu, d'ailleurs, que l'auteur peut céder le droit de traduire son œuvre et en tirer ainsi un nouveau bénéfice ; qu'en autorisant les tiers à faire des traductions, on priverait les auteurs d'une partie du fruit de leur travail et on leur causerait un préjudice d'autant plus sérieux qu'une

Voilà donc une situation toute nouvelle.

La cour décide que le tarif restrictif disparaît, que les auteurs français ont, en Belgique, la pleine propriété

traduction mauvaise ou mal faite peut, en diminuant l'attrait qu'offre une œuvre, nuire à son succès ;

» *Attendu que ces principes ont été consacrés en Belgique par la loi du 25 janvier 1817*, dont l'article premier réserve à l'auteur d'une œuvre littéraire le droit exclusif de la publier en une ou en plusieurs langues ;

» Attendu que l'article premier de la convention du 1er mai 1861 accorde aux auteurs de productions du domaine littéraire, dans chacun des deux Etats réciproquement, les avantages qui y sont attribués par la loi à la propriété des ouvrages de littérature ou d'art ; *que cet article, combiné avec la loi du 25 janvier 1817, accorde donc aux auteurs français, en Belgique, le privilége de pouvoir seuls traduire ou faire traduire leurs œuvres ;*

» Attendu que l'art. 6 de la convention ne créc point le droit de faire traduire, comme le prétend l'intimé ; qu'il se borne à en régler l'exercice et à le soumettre à certaines conditions pour le cas où il s'agit d'un ouvrage publié ; que les formalités qu'il trace démontrent qu'il ne s'applique qu'à la contrefaçon qui suit la publication, et non à celle qui s'est produite avant que l'œuvre ait été imprimée ;

» Attendu que la pièce des appelants est manuscrite ; que leur droit de la traduire est donc demeuré tout entier et n'est point soumis aux conditions de l'art. 6 de la convention précitée ;

» *Attendu, au surplus, que l'action a pour base une atteinte portée au droit de représentation, que l'on ne doit point confondre avec le droit de publication ;*

» *Attendu que le droit de représentation a été établi en France et en Belgique par les décrets de l'assemblée nationale des 13-19 janvier 1791 et des 19 juillet-6 août de la même année ; qu'il a été maintenu par les décrets du 8 juin 1806, du 5 février 1810 et du 15 octobre 1812, et par l'art. 428 du Code pénal de 1810 ; qu'en Belgique l'arrêté du gouvernement provisoire du 21 octobre 1830 l'a sanctionné de nouveau ; que la convention du 1er mai l'a consacré spécialement dans son art. 4, sans faire de distinction entre le cas où la représentation a lieu dans la langue primitive et celui où elle a lieu dans une langue étrangère ;*

» Attendu que l'intimé a donc porté atteinte aux droits des appelants et leur a par là causé un préjudice ;

» Attendu que l'art. 4 de la convention du 1er mai 1861 avait créé un tarif des droits dus à l'auteur dont la pièce avait été représentée ; que, moyennant le paiement de la somme indiquée par cet article, tout directeur de théâtre pouvait faire jouer une œuvre dramatique française, sans même s'assurer du consentement de l'auteur ;

» Attendu que ce tarif n'a été reproduit ni dans la convention du

de leurs œuvres, au double point de vue de la représentation et de la traduction.

Ce système nouveau, consacré par la cour de Bruxelles,

11 octobre 1866, conclue entre la Belgique et le Portugal, ni dans celle du
25 avril 1867, conclue entre la Belgique et la Suisse ;

» Attendu qu'il résulte donc de ces deux conventions que les pièces
suisses ou portugaises ne peuvent être jouées en Belgique que du consentement de leurs auteurs, dont les droits sont les mêmes que ceux des
nationaux ;

» *Attendu que cette situation est évidemment plus favorable pour les
auteurs dramatiques que celle créée par la convention du 1er mai 1861 ;
que, dès lors, les auteurs français peuvent en invoquer le bénéfice, aux
termes du paragraphe final de l'article premier de ladite convention ;*

» Attendu que l'intimé conteste ce point, en soutenant que le paragraphe
invoqué autorise uniquement la France à dénoncer le traité, si l'on fait à
une autre nation une position meilleure que la sienne ;

» Attendu que le texte même condamne cette objection ; qu'il porte
que le privilége sera acquis de plein droit, c'est-à-dire par le fait même
qu'il aura été inséré dans un traité conclu avec un autre pays ;

» Attendu que l'intimé affirme, en outre, que le paragraphe final de
l'article premier ne s'applique qu'au droit de copie ; qu'ici encore le texte
démontre le contraire ;

» Attendu, en effet, que l'art. 4 de la convention est ainsi conçu : « Les
» stipulations de l'article premier s'appliqueront également à la représentation
» ou exécution des œuvres dramatiques ou musicales publiées ou représen-
» tées pour la première fois dans l'un des deux pays après le 12 mai 1854 ; »

» Attendu qu'il suit donc de là que toutes les stipulations de l'article premier, y compris le paragraphe final, s'appliquent à l'art. 4 ; que les Français
doivent donc profiter en Belgique, quant au droit de représentation, de
tous les priviléges et de tous les avantages accordés ultérieurement par un
traité à la nation la plus favorisée ;

» Attendu que les appelants ne peuvent réclamer que la réparation du
préjudice résultant de l'atteinte portée à leurs droits ; que rien ne permet à
la cour d'évaluer les dommages-intérêts, et qu'il y a lieu de provoquer à cet
égard les explications des parties ;

» Par ces motifs, la cour met à néant l'appel incident et le jugement dont
appel ; émendant, dit que les appelants ont droit à la réparation du préjudice
que l'intimé leur a causé en faisant jouer en flamand sur son théâtre la
pièce intitulée : l'*Assommoir;* et avant de prononcer une condamnation,
enjoint aux appelants de libeller les dommages-intérêts qui leur sont dus ;
ordonne préalablement à l'intimé de déposer au greffe de la cour ses livres
de recettes, dans la huitaine de la signification du présent arrêt, à peine de

nous l'avons présenté en nous basant sur les conventions suisse et portugaise. Nous avons intentionnellement choisi ces deux conventions, parce qu'elles avaient été promulguées immédiatement après la jurisprudence contraire de 1866.

Nous avons, de propos délibéré, dissimulé une partie de la vérité, car le système que nous préconisions résultait aussi d'autres conventions antérieures, qui étaient exactement semblables à celles de la Suisse et du Portugal.

Aujourd'hui que la jurisprudence est fixée dans notre sens et que la récente convention franco-belge n'a plus rétabli le tarif restrictif de 1852, nous avons le droit de dire que le système que nous avons présenté s'appliquait, avec autant de force et de vérité, à la convention *conclue le 22 février 1855 avec la Grande-Bretagne* et dont les conventions suisse et portugaise ne font que reproduire les termes (1).

20 francs de dommages-intérêts par jour de retard ; proroge la cause à l'audience à laquelle elle sera ramenée par la partie la plus diligente ; condamne l'intimé aux dépens des deux instances... » (Du 17 mai 1880. — Plaid. MM^{es} Louis LECLERCQ et LANDRIEN).

(1) « En ce qui concerne l'acquisition de plein droit, dans chacun des deux pays, des avantages qui y seraient accordés à un autre pays, et en ce qui concerne le droit de représentation ou d'exécution des œuvres dramatiques ou musicales, la convention du 1er mai 1861 ne faisait que reproduire le texte de la convention conclue entre la Belgique et la France, le 22 août 1852 et approuvée par la loi du 12 avril 1854. Chose remarquable, sous l'empire de la convention de 1852, on n'avait jamais songé à prétendre que les droits reconnus aux auteurs français avaient été modifiés par les conventions conclues avec d'autres pays, qui contiennent, au profit des auteurs d'œuvres dramatiques ou musicales, des stipulations tout autres que celles contenues dans la convention franco-belge et bien plus favorables aux auteurs. En effet, aux termes de la convention du 12 août 1854, entre la Belgique et la Grande-Bretagne, les auteurs d'œuvres dramatiques ou musicales, auxquels

Notre démonstration ne saurait être contestée. Il en résulte que cette malheureuse convention de 1852, promulguée le 12 mai 1854, ne devait, en réalité, être appliquée que jusqu'au 22 février 1855, date de la conclusion du traité fait avec la Grande-Bretagne et qui venait, en vertu de la clause de la nation la plus favorisée, détruire virtuellement les restrictions de la convention franco-belge.

Cette dernière ne devait donc vivre que neuf mois et dix jours.

Au lieu de cela, le tarif, qui n'avait plus d'existence légale, a été appliqué pendant trente ans au grand préjudice des intérêts français. Cette disposition inexistante a même servi de base à la jurisprudence de la cour

les lois de la Grande-Bretagne garantissent le droit de propriété ou d'auteur, ont le droit exclusif de représentation et d'exécution de leurs œuvres en Belgique, de même que les auteurs d'ouvrages représentés ou exécutés pour la première fois dans notre pays, à charge seulement, pour ce qui concerne la traduction, de la faire paraître trois mois après l'enregistrement et le dépôt de l'ouvrage original. La convention du 30 avril 1859 avec l'Espagne et celle du 24 novembre 1859 avec la Sardaigne contiennent des clauses identiques.

» En 1861, lorsque la France et la Belgique conclurent la convention actuellement en vigueur, on y reproduisit, sans aucun changement, la disposition en vertu de laquelle le droit de représentation ou d'exécution des œuvres dramatiques ou musicales françaises en Belgique n'était subordonné qu'au paiement des sommes fixées par le tarif de 1852. Le gouvernement français lui-même n'éleva aucune réclamation, au profit de ses nationaux, du chef des avantages qui avaient été accordés en Belgique aux auteurs d'œuvres publiées dans la Grande-Bretagne, l'Espagne et la Sardaigne. Bien plus, après la convention du 1er mai 1861, le tarif continua à être appliqué pendant de longues années sans réclamation, et ce n'est qu'en 1880 que des tribunaux belges ont admis que les droits, en Belgique, des auteurs d'œuvres dramatiques ou musicales, publiées en France, ont été entièrement modifiés par les conventions que nous avons conclues avec d'autres pays. »

Rapport fait à la chambre des représentants, par M.Demeur, rapporteur de la convention littéraire hispano-belge (11 février 1881).

d'appel et de la cour suprême, et les auteurs français, plaidant devant la justice belge en 1866, furent condamnés en vertu d'une disposition de loi qui n'avait plus de force ni de valeur légale.

C'est là un fait étrange et que nous nous bornons à constater.

Il en est résulté un préjudice considérable et que l'on peut évaluer, pour les intérêts français, à plus de cent mille francs par an.

Quoi qu'il en soit, l'arrêt de la cour de Bruxelles du 17 mai 1880 nous a fait entrer dans une voie nouvelle, conforme au droit commun, à la raison et à l'équité.

Pour être tardive, la réparation n'en est pas moins éclatante. Nous rentrons ainsi dans la sage application des principes de la constitution belge, qui proclame dans son article 11 que « nul ne peut être privé de son bien sans une juste et préalable indemnité », et nous voyons aujourd'hui appliquer ces principes aussi bien dans la sphère intellectuelle que dans l'ordre matériel.

Les productions des arts, les produits de l'esprit contribuent à l'ornement et à la gloire d'une nation. Il n'était pas digne de la Belgique de s'écarter des maximes pures de la justice la plus élémentaire, en autorisant le pillage des œuvres du génie et de l'imagination.

Un second arrêt, rendu par la même chambre de la cour d'appel, statua au fond, le 10 août 1880, au point de vue des dommages-intérêts (1).

(1) ARRÊT. — « Attendu que les appelants n'ont demandé la confiscation de la recette ni dans l'exploit introductif d'instance, ni dans les conclusions qui ont été prises antérieurement à l'arrêt de cette cour du 17 mai dernier ; qu'ils ne peuvent donc invoquer *le droit qu'ils auraient eu d'exiger la recette tout entière à titre de dommages-intérêts ;*

Ce second arrêt est également important, car il reconnaît la sanction pénale inscrite dans la loi de 1791, dans l'article 428 du code pénal de 1810 et dans l'article 4 du décret du gouvernement provisoire de 1830.

Lors des discussions du code pénal de 1867, le chapitre qui comportait les articles 425 à 429 du code de 1810 fut réservé. Ils continuèrent d'avoir force de loi, bien qu'ils ne fussent pas reproduits dans le code pénal nouveau, ni dans aucune édition du code pénal belge de 1867.

Ces cinq articles n'ayant été ni abrogés expressément, ni remplacés par aucune disposition nouvelle, sont demeurés en vigueur textuellement.

Ce point est constant en doctrine. Il n'est pas révoqué en doute par la jurisprudence.

Les éditions les plus autorisées de notre législation pénale ont soin de constater le maintien intégral des articles 425 et 429 de l'ancien Code.

Qu'il nous suffise ici de renvoyer à l'ouvrage le plus récemment publié, le *Code pénal annoté*, de M. BELTJENS, conseiller à la Cour d'appel de Liége. Cette excellente compilation jurisprudentielle rappelle aussi l'opinion de NYPELS que nous avions reproduite dans notre travail précédent et qui porte :

« On peut remarquer dans le Code une lacune assez

» Attendu que la cour possède les éléments nécessaires pour fixer, dès maintenant, le chiffre du préjudice souffert par les appelants ;

» Attendu qu'en tenant compte du nombre des représentations, du chiffre des recettes et de tous les autres éléments de la cause, les appelants seront équitablement indemnisés par le paiement d'une somme de 500 francs ;

» Par ces motifs, la cour, sans s'arrêter aux faits cotés, condamne l'intimé à payer aux appelants la somme de 500 francs, avec les intérêts judiciaires à six pour cent; le condamne en outre aux dépens....»

» grave : c'est l'absence de toute clause dérogatoire.

« Il est *évident en droit* que, malgré la publication du
» nouveau Code, le Code de 1810 reste en vigueur, car
» il n'a été ni directement, ni indirectement abrogé. Et
» cette observation s'applique à toutes les lois parti-
» culières ou générales comprises dans le nouveau Code.

. . . .

« Une clause dérogatoire étant d'autant plus nécessaire
» ici que les lois particulières comprises dans le Code
» sont assez nombreuses. »

La Cour d'appel, dans son arrêt du 10 août 1880
(affaire *Zola*), a implicitement admis la force obligatoire
des sanctions pénales dont nous venons de parler. Si
elle ne les a pas appliquées, c'est uniquement parce que
les auteurs n'en avaient pas requis en temps utile l'application, c'est-à-dire dans l'assignation introductive
d'instance et dans leurs conclusions d'audience antérieures à l'arrêt du 17 mai 1880. C'est donc par une
simple exception de tardiveté, par une fin de non recevoir de procédure, que les auteurs n'ont pas eu gain
de cause en ce point. Quant au principe, il est demeuré
incontestablement sauf.

Un autre procès fut également engagé, à la même
époque, entre les directeurs du théâtre de la Monnaie,
MM. Stoumon et Calabresi, et MM. Dulocle, Nuitter
et Verdi, auteurs du grand opéra *Aïda*. M. Escudier,
éditeur, fut mis en cause par les directeurs, pour les
garantir des condamnations qui auraient pu être
prononcées contre eux au profit des auteurs.

Après de brillantes plaidoiries de Mᵉ Hahn, pour les
directeurs, de Mᵉˢ Paul Janson et Raymond Dedeyn,

pour les auteurs, et de Me de Ryckman, pour l'éditeur, le tribunal civil de Bruxelles rendit un jugement conforme aux arrêts que nous venons de rapporter (1).

(1) JUGEMENT. — « Attendu que les causes sont connexes ;

» Attendu qu'aux termes de l'article 68 de la constitution, les traités de commerce et ceux qui pourraient grever l'Etat ou lier individuellement les Belges, n'ont d'effet qu'après avoir reçu l'assentiment des chambres ;

» Que cette sanction a pour résultat de les ranger au nombre des lois belges ; que dès lors ils doivent, au même titre que les lois elles-mêmes, être appliqués et interprétés par les tribunaux, aussi longtemps que les parties contractantes ne les ont pas modifiés ou interprétés par des conventions nouvelles ;

» Attendu que les droits des auteurs français en Belgique ont été réglés par les conventions internationales du 22 août 1852 et du 1er mai 1861 ; que cette dernière a été remise ou maintenue en vigueur par le traité du 23 juillet 1873 et prorogée par la déclaration du 18 octobre 1879 ; que ces actes diplomatiques ont été approuvés par les lois des 12 avril 1854, 27 mai 1861, 16 août 1873 et 26 décembre 1879 ;

» Attendu que le traité du 23 juillet 1873 a été régulièrement approuvé en France par la loi du 29 juillet-1er août 1873 ;

» Attendu que les demandeurs contestent à tort la validité de la déclaration du 18 octobre 1879 ; qu'en effet, le gouvernement français a, par la loi du 4-7 août 1879, été autorisé à proroger, pour un délai déterminé, les traités de commerce existants ; qu'en vertu de cette loi, il a consenti à cette prorogation, en ce qui concerne le traité du 23 juillet 1873, par la déclaration du 18 octobre 1879 ; que la nécessité d'une ratification ultérieure de cette déclaration par le pouvoir législatif en France ne se concevrait pas, puisque cette ratification dérive nécessairement, dans l'espèce de la loi du 4-7 août 1879 elle-même ;

» Attendu que la déclaration du 18 octobre 1879 a visé dans son texte la loi du 4 août 1879 qui l'autorise et n'a réservé que l'approbation ultérieure des chambres législatives de Belgique ; que la loi belge du 26 décembre 1879, en approuvant à son tour cette déclaration, a par cela même reconnu la régularité des pouvoirs des signataires et prescrit l'exécution de cette convention internationale, sans la soumettre à une nouvelle ratification du pouvoir législatif en France ; que dès lors la validité de ladite déclaration ne saurait plus être contestée en Belgique ;

» Attendu que l'article 1er de la convention du 1er mai 1861 protége les auteurs d'écrits et de compositions musicales contre toute atteinte qui pourrait être portée à leur droit par la publication de leurs œuvres ; que l'article 4, § 1, de la même convention, rend applicables à la représentation ou à l'exécution des œuvres dramatiques ou musicales, indistinctement, toutes les stipulations de cet article 1er, et par conséquent la disposition du para-

On constatera que, dans le très remarquable jugement de l'affaire *Aïda*, le tribunal consacre notre thèse

graphe final, ainsi conçu : « Tout privilége ou avantage qui serait accordé
» ultérieurement par l'un des deux pays à un autre pays, en matière de pro-
» priété d'œuvres de littérature ou d'art dont la définition a été donnée dans
» le présent article, sera acquis de plein droit aux citoyens de l'autre pays. »
» Attendu que, si la disposition finale de l'article 4 a restreint la protection accordée aux ouvrages dramatiques et aux compositions musicales
d'origine française, en n'attribuant aux auteurs qu'un droit fixe de représentation, cette exception au principe général posé dans la première partie de
l'article, n'affecte que la garantie absolue qui dériverait de la combinaison
du premier alinéa de l'article 1er avec le premier alinéa de l'article 4 et n'a
pas pour effet d'exclure l'application du § 4 de l'article 1er ; que, si la règle
admise par cette dernière disposition ne concernait pas le droit de représentation, les auteurs d'œuvres françaises ne jouiraient réellement en Belgique,
quant à la représentation, que des avantages résultant du § 2 de l'article 4, et
le § 1er de cet article cesserait, contrairement à la volonté des parties contractantes, d'avoir une portée quelconque ;
» *Attendu que l'article 1er, § 4, de la convention attribue directement*
aux citoyens français, et de plein droit, le bénéfice de tout privilége ou
avantage que la Belgique admettrait en faveur d'un pays étranger ; que
dès lors les auteurs français sont fondés à se prévaloir de semblable privilége ou de semblable avantage, sans qu'il soit nécessaire que la revendication en soit faite expressément par le gouvernement français, et ce, au même
titre que si la stipulation de ce privilége ou de cet avantage était inscrite
dans les conventions diplomatiques conclues entre la France et la Belgique ;
» *Attendu que les tribunaux belges sont donc tenus d'appliquer aux*
œuvres dramatiques et musicales françaises tout avantage que la
Belgique aurait concédé à des œuvres semblables d'un autre pays ; qu'ils
ont donc nécessairement aussi le pouvoir d'apprécier le caractère des stipulations des diverses conventions conclues pour la protection de la propriété artistique et littéraire entre la Belgique et d'autres puissances ; que
cette appréciation doit porter sur chacun des droits concédés aux citoyens
d'un pays tiers, et non, comme le soutiennent les demandeurs l'ensemble
des dispositions de chaque traité ; qu'en effet, cette dernière thèse est en
opposition formelle avec le texte de l'article 1er, § 4, de la convention du
1er mai 1861, lequel autorise les Français à invoquer tout avantage qui serait
consenti dans un traité avec un autre pays ;
» Attendu qu'aux termes de l'article 1er de la convention du 11 octobre
1866 entre la Belgique et le Portugal, approuvée par la loi du 29 juillet
1867 : « Les auteurs de livres, brochures ou autres écrits, de compositions
» musicales... jouissent, dans chacun des deux Etats réciproquement, des
» avantages qui y sont ou seront attribués par la loi à la propriété des ouvrages

en ce qui concerne les sanctions pénales édictées antérieurement au nouveau code pénal de 1867.

» de littérature ou d'art, et ils ont la même protection et le même recours
» légal contre toute atteinte portée à leurs droits que si cette atteinte avait
» été commise à l'égard des auteurs d'ouvrages publiés pour la première fois
» dans le pays même ; » qu'aux termes de l'article 4 de la même convention,
« les stipulations de l'article 1er s'appliquent également à l'exécution ou à la
» représentation des œuvres dramatiques ou musicales publiées, éxécutées
» ou représentées pour la première fois dans l'un des deux pays ;

» Attendu que des garanties identiques ont été introduites en faveur des
auteurs dramatiques de nationalité suisse, dont les œuvres seraient représentées en Belgique (art. 1er et 4 de la convention du 25 avril 1867, approuvée
par la loi du 20 août 1867) ;

» *Attendu qu'en Belgique, le décret du 13-19 janvier 1791, article 3.
— le décret du 19 juillet 6 août 1791, article 1er, — le décret du 8 juin
1806, articles 10 et 11, — l'article 428 du code pénal de 1810, — et le
décret du gouvernement provisoire du 21 octobre 1830*, article 4, confèrent
aux Belges un droit absolu au sujet de la représentation de leurs œuvres ;
que les auteurs belges peuvent notamment, en toute liberté, déterminer le
chiffre des rétributions moyennant lesquelles ils consentent à la représentation de leurs œuvres, comme ils peuvent interdire toute représentation qu'ils
n'auraient pas formellement autorisée par écrit ;

» *Attendu que ce régime de protection, consenti par les traités des 11
octobre 1866 et 25 avril 1867 en faveur du Portugal et de la Suisse, est
manifestement plus favorable aux autres auteurs dramatiques que la disposition de l'art. 4, § 2, de la convention du 1er mai 1861*, laquelle
permettait aux entreprises théâtrales belges de représenter des œuvres dramatiques ou musicales françaises sans autorisation des auteurs, malgré leur
défense et moyennant une rétribution invariable ;

» *Qu'en effet, ces traités attribuent aux auteurs portugais et suisses
les mêmes droits qu'aux auteurs belges ;*

» *Attendu qu'en conséquence les auteurs d'œuvres dramatiques françaises sont actuellement, aux termes des dispositions combinées des art.
1 et 4 de la convention du 1er mai 1861, 1 et 4 des conventions du 11
octobre 1866 et 25 avril 1868, fondés à réclamer, en Belgique, tous les
avantages assurés aux œuvres belges par les art. 3 du décret de 13-19 janvier 1791, 1er du décret du 19 juillet-6 août 1791, 10 et 11 du 8
juin 1806, 428 du code pénal de 1810, et 4 du décret du gouvernement
provisoire du 21 octobre 1830 ;*

» Attendu qu'il ne résulte pas des débats que les défendeurs du Locle et
Nuitter aient donné, soit aux demandeurs, soit au défendeur en garantie
Escudier l'autorisation de représenter l'opéra *Aïda* ;

» Attendu que, si, par convention verbale en date du 8 juin 1876, le

Ce n'est pas sans un légitime orgueil que nous avons
vu adopter par la justice belge l'interprétation que nous

défendeur Verdi a cédé au défendeur Escudier « le droit exclusif de vendre
» ou de louer aux théâtres français la traduction en langue française de la
» partition. » de cet opéra, cette convention n'a pas donné à Escudier le
droit de faire représenter cette œuvre, ni d'en autoriser la représentation aux
lieu et place des auteurs ;

» Attendu que, pour soutenir le contraire, le défendeur Escudier allègue
vainement que le droit de vendre ou de louer à un théâtre une partition
musicale entraîne nécessairement le droit de représentation ; qu'en effet,
en pratique, afin d'assurer une rémunération complète de son travail, le
compositeur de musique a intérêt à tirer profit de son œuvre de diverses
manières, suivant les modes de vulgarisation dont elle est susceptible;
qu'ainsi, il est amené à concéder séparément le droit de représentation et le
droit de publication, en subdivisant même celui-ci selon qu'il s'applique à
la partition complète, telle qu'elle est nécessaire aux entreprises théâtrales,
ou à la partition piano et chant et aux morceaux détachés, plus spécialement
destinés à l'usage direct du public;

» Qu'il se conçoit donc aisément que, dans l'espèce, sans concéder à
Escudier le droit de représentation, sans lui accorder même d'une façon
absolue le droit d'éditer la partition, le compositeur Verdi l'ait autorisé
seulement à vendre ou à louer aux théâtres français la traduction en langue
française de l'opéra *Aïda;*

» Attendu que les entreprises théâtrales, après avoir obtenu l'autorisation
de faire représenter une œuvre dramatique, doivent encore se procurer les
moyens matériels nécessaires à l'exécution, se pourvoir de la partition
complète, et sont réduites ainsi à subir toutes les exigences de ceux à qui la
disposition de cette partition a été accordée par l'auteur ; que cette considération explique parfaitement qu'Escudier ait pu payer à Verdi une somme
de 8,000 fr. pour pouvoir disposer de la traduction française de la partition
d'*Aïda*, sans que ce prix implique, de la part de Verdi, la cession du droit de
représentation lui-même ;

» Attendu qu'Escudier n'a donc pu conférer aux demandeurs un droit
qu'il ne possédait pas lui-même, et que les demandeurs ne sont pas
fondés à soutenir avoir été expressément autorisés à représenter l'opéra
Aïda;

» Attendu qu'ils invoquent en vain, pour prétendre à l'existence d'une
autorisation tacite ou d'une ratification de la part des auteurs, ce fait que
certaines perceptions ont été faites, à raison des représentations, sur le pied
du tarif contenu en l'article 4 de la convention du 1er mai 1861, puisqu'il est
acquis aux débats que ces perceptions ont été faites sous toutes réserves au
nom des défendeurs;

» *Attendu que les défendeurs au principal étaient donc fondés, les 9 et*

avons préconisee. Nous pouvions, dès lors, espérer que
ces principes, conformes aux lois du pays, auraient été

12 février 1878, à faire signifier, par exploit de l'huissier Fisscher,
défense aux demandeurs de représenter l'opéra Aïda, *et que les deman-*
deurs doivent succomber dans leur action en tant qu'elle est dirigée contre
les défendeurs Verdi, du Locle et Nuitter ;

» Attendu, que par convention verbale du 19 juin 1876, le défendeur
Escudier, se disant « seul propriétaire, pour les théâtres de France et de
» Belgique, de la partition française d'*Aïda*, musique de Verdi, paroles de
du Locle et Nuitter, ainsi que du droit de la faire représenter », a vendu
la dite partition pour le théâtre de la Monnaie aux demandeurs au prix de
8,000 francs, avec cette stipulation que les demandeurs auraient à payer les
droits d'auteur, selon les traités en usage en Belgique ;

» Attendu que ce défendeur ne méconnaît pas que cette convention avait
pour but d'assurer aux demandeurs le droit de représentation de l'opéra
Aïda ; que c'est dans cet ordre d'idées qu'il a soutenu en conclusions avoir
été réellement investi lui-même de ce droit par la convention du 8 juin 1876 ;
que cette volonté commune ressort également de cette circonstance que,
dans cette convention, le défendeur Escudier a expressément fait valoir le
droit de répresentation qu'il prétendait lui appartenir, au lieu de transmettre
simplement le droit à la partition dans les termes où il l'avait reçu de Verdi ;

» Attendu que les considérations ci-dessus développées démontrent
qu'Escudier a cédé ainsi aux demandeurs un droit qu'il ne possédait pas ;
qu'il doit donc garantie de ce chef à raison du préjudice que subissent les
demandeurs par l'effet des prétentions justifiées des défendeurs Verdi, du
Locle et Nuitter ;

» Attendu qu'Escudier tente vainement d'échapper à cette responsabilité
en soutenant qu'en prenant à leur charge le paiement des droits d'auteurs
selon les traités en usage en Belgique, les demandeurs se seraient
obligés à subir toutes les exigences légales des défendeurs Verdi, du Locle
et Nuitter ;

» Qu'en effet, cette clause de la convention du 19 juin 1876 visait manifestement les perceptions indiquées au tarif de l'article 4 de la convention
du 1er mai 1861 ; que les demandeurs ont dû croire qu'en traitant avec le
défendeur Escudier, suivant l'usage dont celui-ci allègue l'existence, les
auteurs avaient réservé cette perception en leur faveur ;

» Qu'au surplus, la thèse du défendeur Escudier sur ce point est contraire
à ses prétentions principales et à l'esprit de la convention du 19 juin 1876,
puisqu'il ne se comprendrait pas que les demandeurs eussent pu avoir encore
à subir des exigences de la part des auteurs, alors que le défendeur
Escudier, traitant aux lieu et place de ceux-ci, avait déjà concédé le droit de
réprésentation ;

» Attendu que, si par une erreur de droit le défendeur Escudier a pensé

proclamés dans les nouvelles conventions littéraires, et spécialement dans celle conclue avec la France, à qui nous devons, presque toutes nos jouissances intellectuelles. Cette espérance n'a été qu'en partie réalisée.

A la suite de ces jugements et arrêts prérappelés, les directeurs de théâtres, en Belgique, durent se pourvoir d'une autorisation des auteurs. Ils traitèrent, tous, avec la *Société des auteurs et compositeurs dramatiques*.

Depuis cette époque, tous nos théâtres sont régis par la loi des conventions, et nous pensons que ni l'intérêt de l'art, ni les intérêts pécuniaires des directeurs n'ont eu beaucoup à souffrir de cette nouvelle situation.

que les prétentions des auteurs français en Belgique ne pouvaient excéder le tarif du 1er mai 1861 et si, sur la foi de cette erreur, il a concédé aux demandeurs le droit de représentation qu'il ne possédait pas lui-même, en imposant à ses cocontractants le paiement des sommes fixées par ce tarif, paiement qui, selon lui, mettait toutes les parties à l'abri de réclamations ultérieures, il a commis une véritable faute, à raison de laquelle il doit encore être déclaré responsable du préjudice causé aux demandeurs;

» *Par ces motifs, le tribunal, ouï en son avis conforme M. Wiener, juge suppléant faisant fonctions de procureur du roi, joint les causes inscrites; déclare les demandeurs non fondés dans leur action en tant qu'elle est dirigée contre les défendeurs Verdi, du Locle et Nuitter; les déboute de cette action; condamne les demandeurs à payer aux défendeurs Verdi, du Locle et Nuitter une somme de 100 francs à raison de chacune des représentations de l'opéra* Aïda *données au théâtre de la Monnaie; les condamne provisionnellement à payer de ce chef aux défendeurs une somme de 3,000 francs; fait défense aux demandeurs de représenter à l'avenir cet opéra sans l'autorisation écrite desdits défendeurs; condamne les demandeurs au paiement des intérêts judiciaires des sommes qu'ils devaient en principal au jour de l'intentement de l'action;* condamne le défendeur Escudier à tenir les demandeurs Stoumon et Calabresi indemnes de toutes les condamnations prononcées à charge de ces derniers au profit des défendeurs Verdi, du Locle et Nuitter; déboute les parties de toutes conclusions contraires au présent jugement; condamne le défendeur Escudier aux dépens envers toutes les parties; ordonne, sauf en ce qui concerne les dépens, l'exécution provisoire du présent jugement nonobstant appel et sous caution... » (Du 3 août 1880. — Plaid. MM^{es} Hahn, Paul Janson, Raymond Dedeyn et De Ryckman.)

Nous pouvons même ajouter que nos auteurs nationaux ont, eux aussi, profité d'une manière très sensible de ce nouvel état de choses.

C'est donc le régime des conventions qui forme la vraie loi des parties, et les intérêts étant librement et contradictoirement débattus entre les intéressés, il en résulte que les dispositions de lois n'ont plus d'effet direct sur les exploitations théâtrales.

Dans ces conditions, il devenait inutile d'introduire dans la nouvelle convention franco-belge des restrictions surannées et sans portée.

Nous allons donc démontrer que ces restrictions que nous critiquons, n'ont aucune raison d'être et qu'elles n'ont d'ailleurs aucune valeur légale. Elles sont, en outre, de nature à induire les intéressés en erreur plutôt qu'à les éclairer sur le caractère et l'étendue de leurs droits et de leurs obligations.

Deuxième section

CHAPITRE PREMIER

SITUATION FAVORABLE FAITE AUX AUTEURS ET COMPOSITEURS FRANÇAIS

Nous allons nous occuper ici spécialement des intérêts de la France. L'universalité de sa langue, la haute estime dont jouit sa littérature, la réputation d'un si grand nombre de ses auteurs et compositeurs, leur fécondité, leur esprit, l'agrément, la variété de leurs conceptions expliquent et justifient la préférence accordée à leurs œuvres par toutes les nations.

La Belgique plus qu'aucun autre pays est soumise à cette loi : la communauté de langage, des mœurs, des goûts, le voisinage et les relations toujours croissantes entre les deux pays nous rendent presque exclusivement tributaires des productions intellectuelles françaises.

Cela ne saurait être contesté.

Est-ce un bien où un mal? Y a-t-il sujet de le regretter ou de s'en féliciter ? Notre nationalité, notre originalité de caractére, d'intelligence, d'aptitudes, de coutumes, en ont-elles profité ou souffert ? Sommes nous dans une voie prochaine d'affranchissement de cette influence de voisinage ? C'est un thème de controverses et de solutions opposées ; il ne manque ni d'intérêt théorique, ni d'actualité. Mais il sort de notre cadre.

Nous nous bornons donc à constater un fait avéré, qui nous conduit à examiner de quelle manière les productions littéraires et artistiques françaises ont été traitées en Belgique.

Pour bien apprécier cette question dans son ensemble, pour apporter la plus grande clarté dans le sujet, il convient de déterminer trois périodes.

Les deux premières se rapportent à l'ancienne convention ; la troisième concerne le régime actuel et sera exposée dans le chapitre suivant.

1re *période*. — Elle commence le 12 mai 1854, c'est-à-dire à la date de la promulgation de la première convention conclue par la Belgique pour la garantie réciproque de la propriété littéraire et artistique. Elle se prolonge jusqu'au 17 mai 1880, date de l'arrêt qui reconnaît les droits absolus des auteurs et compositeurs français sur leurs œuvres et fait disparaître les réserves restrictives qui énervaient et réduisaient leurs droits.

Cette première convention littéraire franco-belge établissait, dans son article premier, le principe de la reconnaissance de la propriété *pour les œuvres postérieures au 12 mai* 1854. Puis, dans l'article 4, elle déterminait que les représentations et exécutions d'œuvres dramatiques ou musicales feraient l'objet de conventions entre les auteurs et les directeurs, mais qu'à défaut d'un semblable accord un taux exigible de droits d'auteur serait établi d'après un tarif fixant 6 francs *minimum* et 18 francs *maximum*.

Naturellement, aucun directeur ne chercha à conclure le moindre traité avec les auteurs. Ceux-ci ne purent interdire la représentation de leurs œuvres. Ils durent subir fort injustement et fort arbitrairement pendant 30 ans, la loi des directeurs de théâtre souvent au détriment de la bonne interprétation de leurs ouvrages et toujours au grand préjudice de leurs intérêts.

Et cependant ils pouvaient exercer tous leurs droits en Belgique depuis 1855, ainsi que nous l'avons démontré dans le chapitre précédent !

2e *période.* — La cour d'appel de Bruxelles, ainsi que nous venons de le rappeler, mit fin à cette situation. A partir du 17 mai 1880, les entraves de la convention franco-belge furent abolies.

A l'égal des Suisses, des Portugais et d'autres étrangers, les Français purent revendiquer la pleine propriété de leurs œuvres, absolument comme les auteurs nationaux, et cela, en exécution de la loi du 13-19 janvier 1791, du décret du 21 octobre 1830, etc., etc. Le droit de traduction fut réglé comme pour les œuvres originales, et le domaine public qui avait injustement et exclusivement confisqué toutes les œuvres françaises antérieures au 12 mai 1854, ne put s'approprier, conformément à la législation belge, que les ouvrages des auteurs morts depuis plus de 10 ou de 20 ans, suivant qu'il s'agissait de représentation ou de publication.

CHAPITRE II

3ᵉ période. — Nous plaçons ici le régime de la récente
convention franco-belge du 31 octobre 1881, promulguée le 13 mai 1882.

C'est elle qui nous régit actuellement. Elle proclame,
comme la précédente, le principe de la propriété absolue
des œuvres dramatiques et musicales (article premier),
et s'inspirant des décisions de la justice qui avaient fait
disparaître le tarif officiel du droit des auteurs, elle n'en
reproduit plus le barême dérisoire.

Ce tarif disparaissant, la restriction qui subordon-
nait l'application de la convention aux ouvrages par
« actes » disparaît également.

Reste la proclamation de la propriété absolue des
œuvres dramatiques et musicales.

L'article premier porte : « les auteurs des livres, brochures ou autres écrits, d'*ouvrages dramatiques*, *de compositions musicales*, d'œuvres de dessin ou d'illustrations, de
peinture, de sculpture, de gravure, de lithographie, de
photographie, et de toutes autres productions analogues
du domaine littéraire ou artistique, jouiront, dans chacun
des deux États, réciproquement, des avantages qui y

sont ou y seront attribués par la loi à la propriété des
ouvrages de littérature ou d'art, et ils auront la même
protection et le même recours légal, contre toute atteinte
portée à leurs droits, que si cette atteinte avait été commise à l'égard d'auteurs d'ouvrages publiés pour la
première fois dans le pays même....

« La propriété des œuvres musicales s'étend aux
morceaux dits arrangements, composés sur des motifs
extraits de ces mêmes œuvres. Les contestations qui
s'élèveraient sur l'application de cette clause demeureront réservées à l'appréciation des tribunaux respectifs ».

Voilà bien la reconnaissance de la propriété absolue.
Néanmoins, pour qu'il ne puisse y avoir aucun doute
au point de vue de la *représentation des ouvrages dramatiques* et de l'*exécution des œuvres musicales*, l'article 4 ajoute: « Les stipulations de l'article 1ᵉʳ s'appliqueront également à la *représentation ou exécution des œuvres dramatiques ou musicales* publiées ou représentées
pour la première fois dans l'un des deux pays après le
12 mai 1854. Le droit des auteurs dramatiques ou compositeurs sera perçu d'après les bases qui seront arrêtées
entre les parties intéressées ».

Les Français ont donc, en Belgique, les mêmes droits
que les Belges pour la publication (art. 1ᵉʳ) et pour la représentation ou exécution (article 4) de leurs ouvrages.

Cependant nous constatons ici encore une contradiction, une restriction.

L'article premier proclame la reconnaissance absolue
de la propriété littéraire ou artistique, à l'égal du droit
des nationaux, et l'article 4 vient immédiatement limiter
ces droits aux œuvres postérieures au 12 mai 1854.

On rétablit ainsi une distinction injuste, arbitraire, que rien ne justifie.

D'après le régime conventionnel adopté par tous les théâtres de la Belgique, les droits des auteurs et compositeurs porte sur tous les ouvrages du répertoire de la *Société des auteurs et compositeurs dramatiques*, sans distinguer s'ils remontent à une date antérieure ou postérieure à 1854.

Cette restriction de la convention de 1881 ne peut donc avoir aucune portée pratique.

Elle n'a aucune force légale, attendu qu'elle ne se retrouve pas dans d'autres conventions internationales et que les Français peuvent en repousser l'application, en vertu de la clause du traitement de la nation la plus favorisée.

En effet, le traité franco-belge reproduit, comme les précédents, cette disposition :

« Tout privilège ou avantage qui serait accordé ultérieurement par l'un des deux pays à un autre pays, en matière de propriété d'œuvres de littérature ou d'art, dont la définition a été donnée dans le présent article, *sera acquis de plein droit* aux citoyens de l'autre pays. »

Et la cour d'appel de Bruxelles a décidé, le 17 mai 1880, sur la même question, ce qui suit :

« Attendu que cette situation est évidemment plus favorable pour les auteurs dramatiques que celle créée par la convention du 1er mai 1861 ; que, dès lors, les auteurs français peuvent en invoquer le bénéfice aux termes du § final de l'article premier de ladite convention ;

« Attendu que l'intimé conteste ce point, en soutenant que le § invoqué autorise uniquement la France à dénoncer le traité si l'on fait à une autre nation une position meilleure que la sienne ;

« Attendu que le texte même condamne cette objection ; qu'il porte que le privilège *sera acquis de plein droit, c'est-à-dire par le fait même qu'il aura été inséré dans un traité conclu avec un autre pays.* »

Le domaine public, que la convention veut ainsi créer *exclusivement* au détriment des ouvrages français, est donc illégal, et il devait d'autant moins être constitué ainsi qu'il est contraire à la jurisprudence des tribunaux et à la législation belge que l'on déclare vouloir étendre aux co-contractants.

La convention de 1881-1882 a aussi le tort de reproduire ou de rétablir, au point de vue de la traduction, des formalités de dépôt et de délais qui sont également inopérantes et inutiles.

Une déclaration échangée entre les gouvernements français et belge, le 7 janvier 1869, a supprimé la formalité obligatoire du dépôt. Pourquoi alors rétablir cette disposition surannée ?

Le 7 janvier 1869, les gouvernements français et belge ont signé la déclaration suivante :

« Le gouvernement de S. M. le Roi des Belges et le gouvernement de S. M. l'Empereur des Français, également animés du désir de simplifier les formalités à l'accomplissement desquelles est réciproquement subordonné, dans les deux pays, l'exercice du droit de propriété des œuvres de littérature ou d'art, sont convenus des dispositions suivantes :

« Article premier. — Pour assurer à tous les ouvrages d'esprit ou d'art la protection stipulée à l'article premier de la convention du 1ᵉʳ mai 1861, et pour que les auteurs ou éditeurs de ces ouvrages soient admis, en conséquence, devant les tribunaux des deux pays, à exercer des poursuites contre les contrefaçons, il suffira que les dits auteurs ou éditeurs justifient de leurs droits de propriété, en établissant, par un certificat émanant de l'autorité publique compétente en chaque pays, que l'ouvrage en question est une œuvre originale qui, dans le pays où elle a été publiée, jouit de la protection légale contre la contrefaçon ou la reproduction illicite.

« ART. 2. — Pour les ouvrages publiés en France, ce certificat sera délivré par le bureau de la librairie, au ministère de l'intérieur, et légalisé par la légation de Belgique à Paris; pour les ouvrages publiés en Belgique, il sera délivré par le ministère de l'intérieur à Bruxelles et légalisé par la légation de France.

« ART. 3. — La présente déclaration, exécutoire à partir du jour de sa publication dans les deux pays, aura même force et durée que la convention du 1ᵉʳ mai 1861, à laquelle elle demeure annexée. »

Il résulte de cette déclaration que la formalité du dépôt était supprimée sous le régime de l'ancienne convention, et, par une conclusion logique, les délais qui prenaient cours à partir de la date du dépôt, au point de vue du droit de traduction, étaient également supprimés.

A-t-on voulu, par la convention nouvelle, faire disparaître des avantages qui étaient acquis dans le système du traité précédent ?

On ne pourrait le soutenir.

S'il pouvait en être ainsi il suffirait d'ailleurs, de se prévaloir de la convention hispano-belge.

D'autre part, la cour d'appel de Bruxelles, par son arrêt du 17 mai 1880, a décidé :

« Attendu que l'article premier de la convention du 1ᵉʳ mai 1861 accorde aux auteurs de productions du domaine littéraire, dans chacun des deux États, et réciproquement, les avantages qui y sont attribués par la loi à la propriété des ouvrages de littérature ou d'art ;

« Que cet article, combiné avec la loi du 25 janvier 1817, accorde donc aux auteurs français en Belgique le privilége de pouvoir seuls traduire ou faire traduire leurs œuvres. »

Or, l'article premier de la convention de 1881 est la reproduction textuelle de celle de 1861.

Les auteurs français ont donc, au point de vue de la traduction, les mêmes droits que pour les œuvres originales.

D'autre part, la déclaration additionnelle, jointe à la nouvelle convention, vient supprimer immédiatement les formalités et les dépôts en ce qui concerne le droit de traduction. C'est ce que nous démontrerons dans le chapitre suivant.

Dès lors, pourquoi renouveler les dispositions de la convention antérieure qui ont cessé d'être applicables et qui ne peuvent plus être imposées ?

Nous ne nous chargeons pas d'expliquer cette anomalie ; elle est flagrante, nous la dénonçons.

CHAPITRE III

Nous avons exposé qu'en dépit de la nouvelle convention, les auteurs et compositeurs français peuvent à l'égal des Belges revendiquer, en Belgique, la pleine propriété de leurs ouvrages, au triple point de vue de la publication, de la traduction et de la représentation des œuvres dramatiques et musicales.

En résumé, le système de la récente convention franco-belge, tout en constituant une amélioration comparativement au traité de 1852, est encore infiniment moins favorable que celui résultant des décisions de la justice belge en 1880. On comprend, dès lors, les réclamations qui se sont produites en France.

Il résulte du rapport de M. Mezières, rapporteur de la convention littéraire franco-belge devant la chambre des députés de France, que le projet de loi a rencontré de sérieuses résistances qui l'ont mis en péril, et il n'a dû son salut qu'à cette circonstance qu'il faisait, en quelque sorte, partie intégrante du traité de commerce, lequel avait une valeur considérable pour les intérêts commerciaux et industriels des deux pays.

Ce n'est qu'après de longues et laborieuses négociations que l'accord a pu s'établir, et la convention a été
adoptée sans enthousiasme.

Les intéressés ont fini par déclarer qu'ils ne redou-
teraient plus autant les effets de la convention si la
chambre des députés voulait s'approprier, sous forme
de vœux, les termes mêmes qu'ils auraient voulu voir
introduire dans le traité.

CHAPITRE IV

CONSÉQUENCES DU NOUVEAU RÉGIME D'EXCEPTION APPLIQUÉ
AUX FRANÇAIS

Comment et pourquoi les hérésies juridiques et diplomatiques que nous venons de signaler se sont-elle renouvelées ?

Sur le premier point : domaine public ?

A-t-on voulu, s'inspirant de la première convention
de 1852, former, au profit des exploitations dramatiques ou musicales , un répertoire qu'elles pussent
s'approprier impunément ? Ce serait la seule explication
plausible. Mais en dehors des considérations de droit,
d'équité, de justice, cette situation n'en constitue pas
moins une contradiction avec les lois belges dont on
déclare étendre l'application aux Français, et elle porte
aussi une atteinte au principe de la réciprocité qui est
la base des traités internationaux.

Cette proscription qui frappe les œuvres françaises
antérieures à 1854 constitue un véritable anachronisme
artistique, car aucune exploitation théâtrale ne pourrait vivre exclusivement de ce répertoire. Dès qu'elle
emprunterait des ouvrages postérieurs à cette date,
les auteurs et compositeurs de tous les pays, réunis en
société pour la défense de leurs droits et de leurs inté-

rêts imposeraient le respect de la propriété de leurs confrères.

C'est d'ailleurs ce qui s'est fait dans la pratique.

Si semblable disposition, constituant un domaine public spécial s'appliquant exclusivement aux Français, pouvait recevoir une application, un certain nombre d'auteurs et compositeurs seraient, de leur vivant, dépossédés de leurs œuvres antérieures à 1854, tandis que les mêmes auteurs et compositeurs pourraient exercer tous leurs droits sur leur répertoire postérieur à 1854.

Semblable disposition ne se comprend ni en droit ni en fait.

En droit pur, il ne peut y avoir deux régimes différents pour la même propriété, pas plus qu'il ne peut y avoir deux espèces de délits pour le même fait.

Il ne peut donc exister deux systèmes de droit pénal, l'un s'appliquant aux œuvres antérieures à 1854, l'autre aux ouvrages postérieurs à cette date, et cela, pour la même propriété et pour les mêmes auteurs ou possesseurs.

En fait, voici ce qui se passerait. Victor Hugo, Maquet, Alexandre Dumas, Dennery, Émile Augier, Jules Barbier, Deslandes, Dugué, Labiche, Sardou, Ambroise Thomas, Massé, Gounod, et d'autres auteurs ou compositeurs vivants, seraient dépossédés d'une partie de leur répertoire, qui serait ainsi dévolu, sans partage, au premier venu. Le premier occupant en deviendrait propriétaire et pourrait en user, en abuser, comme de sa chose, sans souci de l'intérêt artistique que l'auteur attache à son œuvre.

Pareil système est impossible.

C'est faire dépendre une chose sacrée, « la propriété la

plus légitime, la plus inattaquable », de la fantaisie, de la cupidité et de la mauvaise foi de ceux qui ont intérêt à l'envahir.

N'est-ce pas nier les principes de la raison et de la justice que de proclamer que la publication faite avant une date déterminée modifie la nature de la propriété et que l'auteur est dépouillé du droit exclusif d'en autoriser les diverses reproductions par la voie de la représentation et de l'exécution qui lui appartiennent incontestablement pendant sa vie ?

L'auteur ne peut donc être ainsi frustré, par une disposition léonine. Il a toujours le droit de reprendre son œuvre, d'empêcher qu'on ne la joue, de la soustraire à ceux qui auraient intention ou intérêt de lui nuire ou de faire *tomber* son ouvrage.

A côté du profit matériel, pécuniaire, il y a encore le produit moral, intellectuel, qui est aussi le bien de l'auteur.

On sait que, à part de très honorables exceptions, les comédiens et quelquefois les directeurs sont bien plus animés par le calcul de leurs intérêts que par le désir de défendre la dignité de l'art. Dans bien des cas, nous constatons, même, qu'ils ne peuvent défendre leur propre renommée contre l'invasion de reproductions inhabiles ou d'imitations ridicules.

L'intention mercantile est souvent la règle de leur conduite et l'intérêt de l'art est, hélas ! le moindre de leurs soucis.

CHAPITRE V

COMMENTAIRE DE LA CONVENTION FRANCO-BELGE. —
DÉMONSTRATION DU DROIT DES AUTEURS ET DES COMPOSI-
TEURS FRANÇAIS

Appliquant cet adage *Bis repetita placent*, nous allons
démontrer surabondamment, par la convention elle-
même, que notre système est absolument inattaquable et
que, malgré les réserves, les entraves, les restrictions de
la récente convention, les Français peuvent revendiquer,
en Belgique, la pleine propriété de leurs œuvres dans le
domaine intellectuel.

Nous sommes tenus ici à une répétition, à une redon-
dance, dont nous nous excusons à l'avance, parce que,
pour faire le commentaire de la convention littéraire
franco-belge du 31 octobre 1881 - 13 mai 1882, nous
devons remémorer les principes qu'elle proclame et
discuter l'interprétation qui en a été donnée par les
documents législatifs de France et de Belgique.

Voici le texte de la convention :

ARTICLE PREMIER. — « Les auteurs de livres, brochures
ou autres écrits, d'*ouvrages dramatiques*, de *compositions
musicales*, d'œuvres de dessin ou d'illustrations, de
peinture, de sculpture, de gravure, de lithographie, de
photographie, *et de toutes autres productions analogues*

du domaine littéraire ou artistique, jouiront, dans chacun des deux États, réciproquement, des avantages qui y sont ou y seront attribués par la loi à la propriété des ouvrages de littérature ou d'art, et ils auront la même protection et le même recours légal, contre toute atteinte portée à leurs droits, que si cette atteinte avait été commise à l'égard d'auteurs d'ouvrages publiés pour la première fois dans le pays même.

« Toutefois ces avantages ne leur sont réciproquement assurés que pendant l'existence de leurs droits dans le pays où la publication originale a été faite, et la durée de leur jouissance dans l'autre pays ne pourra excéder celle fixée par la loi pour les auteurs nationaux.

« *La propriété des œuvres musicales s'étend aux morceaux dits arrangements,* composés sur des motifs extraits de ces mêmes œuvres. Les contestations qui s'élèveraient sur l'application de cette clause, demeureront réservées à l'appréciation des tribunaux respectifs.

« Tout privilége ou avantage qui serait accordé ultérieurement par l'un des deux pays à un autre pays, en matière de propriété d'œuvres de littérature ou d'art, dont la définition a été donnée dans le présent article, sera acquis de plein droit aux citoyens de l'autre pays. »

Déduisons immédiatement les conséquences de cette disposition : les Français jouissent, en Belgique, des mêmes droits que les nationaux au point de vue des ouvrages de littérature ou d'art, des ouvrages dramatiques, des compositions musicales, et ces droits s'étendent aux morceaux dits arrangements.

Art. 4. — « Les stipulations de l'article premier s'appliqueront également à la représentation ou exécution des œuvres dramatiques ou musicales publiées ou représentées pour la première fois dans l'un des deux pays après le 12 mai 1854.

« Le droit des auteurs dramatiques ou compositeurs sera perçu d'après les bases qui seront arrêtées entre les parties intéressées. »

De plus, les stipulations de droit absolu de l'article premier s'appliquent aux ouvrages dramatiques susceptibles de *représentation* et aux œuvres musicales susceptibles *d'exécution*.

Quant à la limite de ces droits, fixée pour les œuvres antérieures à 1854, nous croyons en avoir fait justice. Elle est inutile et inexistante. Nous y reviendrons encore, néanmoins, au chapitre qui traite des avantages accordés à l'Espagne.

La convention a été suivie d'une déclaration dont nous reproduisons les termes :

Déclaration interprétative annexée à la convention conclue, le 31 octobre 1881, entre la Belgique et la France pour la garantie réciproque de la propriété littéraire, artistique et industrielle.

« Les soussignés, à ce dûment autorisés, déclarent que les auteurs et les ayants droit des auteurs de l'un des deux pays auront, dans tous les cas, la faculté d'invoquer, dans l'autre pays, le bénéfice du traitement de la nation la plus favorisée en ce qui concerne le droit de traduction de leurs ouvrages et le droit de représentation, en traduction, des ouvrages dramatiques.

« La présente déclaration aura la même force, valeur

et durée que la convention du 31 octobre 1881, à laquelle
elle sert de complément.

« Fait à Paris, le 4 janvier 1881. »

BEYENS.

Léon GAMBETTA.

Voici ce que dit à cet égard M. Demeur, rapporteur
de la loi à la chambre belge.

« Quelle est la portée de cette disposition nouvelle ?

« En Belgique, la nation la plus favorisée, en ce qui
concerne le droit de traduction des ouvrages de ses
auteurs et le droit de représentation, en traduction, des
ouvrages dramatiques, est l'Espagne. La convention du
26 juin 1880, entre les deux pays, approuvée par la loi
belge du 18 mars 1881, reconnaît aux auteurs espagnols
en Belgique, de même qu'aux auteurs belges en Espagne,
le droit de traduction de leurs œuvres pour une durée
égale au droit de propriété des originaux.

« En France, pareil droit est accordé aux Espagnols,
par la convention conclue entre les deux États, le
16 juin 1880.

« Il suit de là que, en exécution de la *déclaration interprétative,* les auteurs d'ouvrages publiés pour la première
fois en France, et leurs ayants droit, auront, en Belgique, le droit de traduction de leurs ouvrages aussi
longtemps qu'ils jouiront du droit de propriété des
ouvrages originaux, c'est-à-dire que ce droit subsistera
pendant toute la vie de l'auteur et vingt ans après son
décès. Les auteurs d'ouvrages publiés pour la première
fois en Belgique auront, en France, le même droit pour
une même durée.

« Ajoutons que le droit de traduction ne sera plus
subordonné à aucune condition. Il ne sera plus néces-

saire que l'auteur indique, en tête de son ouvrage, l'intention de se réserver ce droit, ni qu'une traduction autorisée paraisse dans un délai quelconque. En effet, les conventions conclues tant par la Belgique que par la France avec l'Espagne ne subordonnent à aucune condition le droit de traduction qu'elles réservent à l'auteur. »

Nous sommes de l'avis de l'honorable rapporteur. Cette déclaration interprétative supprime virtuellement l'article 6 de la convention.

Cet article est ainsi conçu :

ART. 6. — « L'auteur de tout ouvrage publié dans l'un des deux pays jouira seul du droit de traduction pendant dix années à partir du jour de la publication de l'ouvrage original sous les conditions suivantes :

« 1° Il faudra que l'auteur ait indiqué, en tête de son ouvrage, l'intention de se réserver le droit de traduction ;

« 2° La dite traduction autorisée devra paraître en totalité dans le délai de trois ans, à compter de la date de la publication de l'ouvrage original ;

« 3° Pour les ouvrages publiés par livraisons, il suffira que la déclaration par laquelle l'auteur se réserve le droit de traduction, soit faite dans la première livraison. Toutefois, en ce qui concerne le terme de dix ans assigné par cet article pour l'exercice du droit privilégié de traduction, chaque livraison sera considérée comme un ouvrage séparé ;

« 4° Relativement à la publication et à la représentation, en traduction, des ouvrages dramatiques, l'auteur qui voudra se réserver le droit exclusif dont il s'agit au présent article, devra faire paraître ou représenter sa traduction dans les trois ans qui suivront la publication ou la représentation de l'ouvrage original.

« Dans le cas où la législation de la Belgique sur le droit de traduction viendrait à être modifiée pendant la durée de la présente convention, les avantages nouveaux qui seraient consacrés en faveur des auteurs belges seraient de plein droit étendus aux auteurs français.

« En même temps, les auteurs belges jouiraient en France des avantages plus grands qui pourraient résulter de la législation générale en faveur des nationaux.

« Ces droits respectifs seront d'ailleurs soumis aux conditions prévues par le § 2 de l'article premier. »

La déclaration interprétative, se prévalant du traitement de la nation la plus favorisée, fait donc tomber cet article 6, en proclamant que les Français pourront se prévaloir des avantages accordés par la Belgique aux Espagnols, c'est-à-dire réclamer une durée pour le droit de traduction égale à celui des œuvres originales.

La question ne demandait guère cette solution législative, car la cour d'appel de Bruxelles, ainsi que nous l'avons constaté, avait décidé dans le même sens, et sans qu'il fût nécessaire d'introduire une déclaration soi-disant *interprétative* et qui est plutôt *destructive* de la convention. C'est ce que nous allons démontrer.

M. Demeur, dans son rapport, ajoute :

« En ce qui concerne le droit de représentation, en traduction, des ouvrages dramatiques, droit que la *déclaration interprétative* distingue du droit de traduction, il n'en est pas question dans la convention conclue avec l'Espagne par la Belgique, et il ne paraît pas que,

sous ce rapport, cette déclaration modifie, quant à présent, en Belgique, la disposition de la convention du
31 octobre 1881, d'après laquelle l'auteur qui veut se
réserver le droit exclusif de représentation en traduction,
doit faire représenter sa traduction dans les trois ans qui
suivront la publication ou la représentation de l'ouvrage
original. Il n'existe, pensons-nous, aucune convention,
conclue par la Belgique, qui accorde aux auteurs un
traitement plus favorable que celui consacré par cette
disposition. Ce ne seraient donc que des conventions à
conclure ultérieurement avec d'autres pays qui pourraient modifier sur ce point la convention du 31 octobre 1881. Il est toutefois désirable que le gouvernement
explique la portée de cette partie de la *déclaration interprétative*, de manière à écarter tous les doutes .»

Ici nous ne pouvons partager la manière de voir de
l'honorable rapporteur. La convention hispano-belge
prévoit parfaitement le droit de représentation, mais, au
surplus, si l'opinion de l'honorable rapporteur pouvait
être admise, il en résulterait que l'on ne pourrait pas
traduire les œuvres françaises en flamand, mais que l'on
pourrait les *représenter* en flamand, et nous avouons ne
pas comprendre que l'on puisse représenter des œuvres
en flamand sans les avoir traduites préalablement en
flamand.

En tout cas, nous croyons ne pas devoir insister sur
ce point, à raison de la jurisprudence de la cour d'appel
de Bruxelles, basée sur la loi de 1817, combinée avec
l'article premier de la convention franco-belge, pour la
publication de la traduction, et avec l'article 4, pour la
représentation de la traduction.

Le rapport continue :

« Quoi qu'il en soit, notons d'abord que l'acte additionnel du 4 janvier est bien plutôt une modification à la convention du 31 octobre 1881 qu'une déclaration interprétative de cette convention.

« En effet, la disposition qui aurait été interprétée par l'acte additionnel est celle de l'alinéa final de l'article premier qui porte :

« Tout privilège ou avantage qui serait accordé ultérieurement par l'un des deux pays à un autre pays, en matière de propriété d'œuvres de littérature ou d'art, dont la définition a été donnée dans le présent article, sera acquis de plein droit aux citoyens de l'autre pays. »

« Comme on le voit, cette disposition n'est relative qu'aux priviléges ou avantages qui seraient accordés à un autre pays, en matière de propriété d'œuvres de littérature ou d'art, *dont la définition a été donnée dans le présent article.*

« Or, l'article premier de la convention ne s'occupe pas du droit de traduction, ni de la représentation en traduction, des ouvrages dramatiques. Il ne s'occupe que du droit de publication, du droit de copie. »

Ici l'honorable rapporteur se trompe. L'article premier ne s'occupe pas de la traduction, mais l'article 4 porte: « Les stipulations de l'article premier s'appli-
» queront également à la *représentation ou exécution*
» des œuvres dramatiques ou musicales. »

Il faut donc combiner les articles 1er et 4 au point de vue de la publication et de la représentation et il faut remarquer que la convention ne distingue pas la représentation de la pièce dans la langue originale ou dans la traduction.

Le rapport dit encore :

« L'observation que nous faisons ici n'a pas pour but de critiquer la déclaration supplémentaire à laquelle on a donné la dénomination de *déclaration interprétative*. Elle a pour but uniquement d'empêcher que l'on n'induise de cette expression une conséquence absolument inadmissible, à savoir que la disposition finale de l'article 1er s'applique à toutes les dispositions de la convention du 31 octobre 1881, en d'autres termes, que toutes les dispositions de cette convention pourraient se trouver modifiées par des conventions à conclure avec d'autres pays. »

Ici nous nous écartons encore davantage du système de l'honorable rapporteur. Il résulterait du passage que nous venons de citer que la « *déclaration interprétative* » a eu pour but d'empêcher l'application de la disposition finale de l'article premier à toutes les dispositions de la convention. C'est là une erreur évidente. La généralité des termes : « Tout privilége ou avantage qui serait accordé ultérieurement par l'un des deux pays à un autre pays, en matière de propriété d'œuvres de littérature ou d'art, dont la définition a été donnée dans le présent article, *sera acquis de plein droit* aux citoyens de l'autre pays » prouve suffisamment le but que l'on a eu en vue.

Cette disposition est la reproduction textuelle de celle qui a été introduite dans la première convention littéraire. Cela explique bien le sens qu'il faut lui attribuer, ainsi que sa portée générale. C'est aussi la sanction du principe de la réciprocité.

Au surplus, on ne pourrait soutenir que cette stipulation, étant insérée dans l'article premier, ne s'applique pas à ce même article combiné avec l'article 4, auquel il renvoie.

La distinction que M. Demeur veut faire ne s'explique pas, et en tout cas, elle ne pourrait s'appliquer à la représentation ou exécution des œuvres dramatiques ou musicales qui reste comprise dans l'article 1er.

L'interprétation donnée par M. Demeur constituerait un amoindrissement au point de vue des intérêts français. Or, on ne concevrait pas que les négociateurs français, *qui ont pris l'initiative* de la déclaration additionnelle, eussent amené cette conséquence de réduire les avantages acquis et consacrés à leur profit par la jurisprudence administrative et judiciaire.

Il est manifeste que cette déclaration a eu pour but d'accorder éventuellement aux Français des avantages plus grands que ceux de la convention, et le texte même de la déclaration le prouve à toute évidence :

« La présente déclaration aura la même force, valeur » et durée que la convention du 31 octobre 1881, *à* » *laquelle elle sert de complément* » .

C'est donc un complément et pas du tout un amoindrissement.

En veut-on une autre preuve ? Nous la trouvons dans l'opinion du co-contractant.

Voici ce que dit, à cet égard, M. Mezières, rapporteur à la chambre française :

« Nous manquerions à un devoir, qu'il nous est doux » de remplir, si nous ne reconnaissions les services » que les négociateurs français ont rendus, aux lettres

» et aux arts dans cette circonstance. *Nous tenons sur-*
» *tout à remercier le gouvernement de la déclaration*
» *interprétative qui a été annexée à la convention le 4*
» *janvier 1882.* »

Est-ce clair?

Et M. Bozérian, dans son rapport au sénat français,
disait qu'il fallait assimiler la publication d'une traduction à une réimpression illicite, et il ajoutait: « Il est
» vrai que, si ce résultat n'était pas obtenu directement,
» il l'était indirectement, puisque, d'après la disposi-
» tion finale de l'article premier, chaque État jouit du
» traitement de la nation la plus favorisée.

» Mais comme il pouvait s'élever des doutes sur la
» question de savoir si cette disposition s'appliquerait
» seulement pour l'avenir ou si elle ne devait pas s'ap-
» pliquer aussi aux conventions conclues antérieurement,
» les parties contractantes ont signé la déclaration du
» 4 janvier. »

Dans ces conditions, on doit certes reconnaître que cette
déclaration additionnelle, loin de constituer un amoindrissement, une réduction, est plutôt un complément,
une extension de la convention elle-même.

Tout conspire donc contre le système de l'honorable
M. Demeur.

La jurisprudence de la cour d'appel, le texte
même de la déclaration, l'initiative prise par les négociateurs français, l'opinion clairement exprimée par les
co-contractants devant la chambre et le sénat français,
le principe du traitement de la nation la plus favorisée,
qui domine les conventions internationales, tout cela
prouve, à la dernière évidence, que la déclaration addi-

tionnelle n'a pas eu pour but de réduire, d'énerver les droits acquis, mais plutôt de les fortifier et de les étendre.

Peut-on concevoir cette conséquence que les Espagnols, les Suisses, les Portugais, auraient en Belgique la reconnaissance complète de la propriété des œuvres intellectuelles au point de vue de la publication, de la représentation et de la traduction à l'égal des nationaux, et que l'on créerait, en 1882, un petit régime d'exception qui n'accorderait rien ou presque rien aux auteurs français auxquels nous devons presque exclusivement nos satisfactions intellectuelles?

Il suffit d'exposer les bizarreries d'un pareil système pour en faire justice et pour rallier à notre opinion l'honorable M. Demeur lui-même.

Nous ne résistons pas au plaisir de reproduire ce que l'honorable député de Bruxelles disait à la chambre belge dans son rapport déposé le 11 février 1881 sur la convention littéraire conclue avec l'Espagne :

« La commission a adressé à M. le ministre des affaires étrangères diverses questions ayant pour objet de constater la conséquence de l'adoption de la convention relativement aux pays appelés en vertu des traités existants à jouir des avantages qui seraient accordés chez nous à d'autres pays. »

Le rapporteur ajoute :

« La commission approuve ces extensions apportées au droit des auteurs. Les œuvres scientifiques et littéraires sont le produit du travail. Elles appartiennent à ceux qui les créent. Nul ne doit pouvoir en disposer malgré eux. C'est à eux que doit revenir le profit de la publication, de même que le profit du droit de représentation, du droit de traduction, etc. »

On voit l'esprit large et généreux de la convention dont l'honorable M. Demeur se fait l'écho.

Puis, se plaçant au point de vue de la clause du traitement de la nation la plus favorisée, il dit :

« La commission s'est préoccupée de l'influence que la convention nouvelle pourra exercer en Belgique au profit des auteurs d'ouvrages publiés dans les pays avec lesquels nous avons conclu des conventions stipulant, pour chacune des parties contractantes, les avantages qui seraient accordés par l'autre à un autre pays. Cette question peut être soulevée, soit au point de vue du droit de représentation des œuvres dramatiques et d'exécution en public des œuvres musicales, soit au point de vue du droit de traduction, soit enfin au point de vue du droit de reproduction des articles scientifiques, littéraires et critiques, des chroniques et romans, et en général des articles qui ne traitent pas de discussions politiques, publiés dans les journaux ou revues.

« On sait qu'en ce qui concerne le droit de représentation des œuvres dramatiques et d'exécution des œuvres musicales, les tribunaux belges ont été saisis, dans ces derniers temps, de la question de savoir si les droits des auteurs français en Belgique, tels qu'ils sont consacrés par la convention du 1er mai 1861, n'ont pas été modifiés par des conventions que la Belgique a conclues avec d'autres pays, et ce, en vertu de la disposition de la convention franco-belge d'après laquelle tout privilège ou avantage qui serait accordé ultérieurement par l'un des deux pays à un autre serait acquis de plein droit aux citoyens de l'autre pays.

« L'affirmative a été admise par les tribunaux. Il a été jugé que notre convention du 11 octobre 1866 avec le Portugal et celle du 25 avril 1867 avec la Suisse ont eu pour effet d'abroger l'article 4 de notre convention avec la France, en tant qu'il autorise la représentation ou l'exécution en Belgique des œuvres dramatiques ou musicales françaises sans le consentement des auteurs et moyennant le paiement des sommes stipulées dans cet article.

« Lorsque la commission fut chargée de l'examen de la convention nouvelle avec l'Espagne, elle pensa qu'il était de son devoir de provoquer la solution des questions qui ont été soumises aux tribunaux en cette matière et des autres questions analogues qui pourraient surgir.

« C'est dans cette pensée qu'elle adressa au gouvernement les 2ᵉ, 4ᵉ, 5ᵉ et 6ᵉ questions annexées à ce rapport.

« Après avoir pris connaissance des réponses du gouvernement, la commission estime que, quelque désirable qu'il soit de trancher ces questions, qui touchent à de nombreux intérêts, il n'y a pas lieu de le faire à l'occasion du vote de la loi soumise en ce moment à la chambre. En voici la raison. La chambre n'est aujourd'hui saisie que de la convention récemment conclue entre l'Espagne et la Belgique. Elle n'est pas saisie de l'examen des conventions conclues avec d'autres pays et qui stipulent en faveur de chacune des parties contractantes le traitement de la nation la plus favorisée. Ces conventions ne pourraient d'ailleurs être modifiées que par le concours de ceux qui les ont conclues. La chambre ne pourrait pas non plus les interpréter. *Un tel pouvoir n'appartient qu'aux tribunaux.* Jusqu'au jour où des conventions nouvelles avec ces autres pays auront été conclues, *c'est aux tribunaux seuls qu'il appartiendra de décider quelles sont les consé-*

*quences qui peuvent résulter, en Belgique, pour les auteurs
de ces pays, de l'adoption de la convention actuellement
soumise au vote de la chambre.* C'est sur cette convention
seule, nous le répétons, que la commission est appelée à
faire rapport et que la chambre est amenée à se prononcer. »

La chambre s'en rapporte donc, sur ce point, à la
décision des tribunaux.

Ceux-ci ont prononcé.

La cour d'appel a consacré au profit des Français la
plénitude de leurs droits sur leurs œuvres artistiques et
littéraires.

Nous tenons à constater qu'à l'occasion de cette convention hispano-belge, l'honorable rapporteur prévoit
et admet l'application à la France du traitement de la
nation la plus favorisée, et, quelques mois plus tard, il
déclare, dans son rapport sur le traité franco-belge, à
propos d'une déclaration extensive et additionnelle, que
ce serait là une conséquence inadmissible. Il y a évidemment ici une contradiction manifeste.

Le rapport continue :

« En résumé, quelles que soient les conséquences
qu'elle (la convention) puisse engendrer au profit des
auteurs des pays appelés à jouir en Belgique du traitement de la nation la plus favorisée, *la commission n'hésite
pas à proposer à la chambre d'adopter une convention qui
marque un pas en avant dans la protection de la propriété
artistique et littéraire et qui consacre, au profit des
auteurs belges, des avantages dont ils jouiront en Espagne, dont ils jouiront aussi, — si les principes récemment appliqués par nos tribunaux sont définitivement*

consacrés, — dans d'autres pays avec lesquels l'Espagne a récemment conclu des conventions analogues, spéciale-ment en France. »

La chambre prévoit donc la confirmation définitive des principes appliqués par la cour d'appel de Bruxelles, et en ratifiant ce langage, sans discussion et à l'unani-mité, les deux chambres belges ont donné une consé-cration solennelle à une jurisprudence dictée par le droit et basée sur l'équité et sur la raison.

M. Demeur disait encore, un an plus tard, dans son rapport sur la convention franco-belge : « Le principe de » la convention, c'est, en quelque sorte, la suppression » de la frontière internationale au profit des auteurs » d'œuvres littéraires et artistiques des deux pays. »

Nous croyons qu'il est inutile d'insister davantage sur ces différents points.

Nous avons rapporté les principaux passages des rap-ports faits par M. Demeur sur les conventions hispano-belge et franco-belge. Les mêmes idées, les mêmes principes s'y complètent, et nous en appelons des restric-tions, des entraves admises par le rapporteur de la con-vention franco-belge au rapporteur de la convention hispano-belge.

Il est impossible d'admettre que les principes aient varié, sur la matière, dans l'intervalle de sept mois, depuis la convention faite avec l'Espagne immédiatement après les arrêts de la cour de Bruxelles, promulguée le 18 mars 1881 et jusqu'à la conclusion de la convention faite avec la France le 31 octobre de la même année.

CHAPITRE VI

Voyons maintenant l'opinion exprimée, dans la chambre belge, par les organes du gouvernement belge.

On sait que la convention littéraire faisait partie intégrante du traité de commerce.

Les chambres ont discuté le traité de commerce, et aucune observation n'a été présentée ni à la chambre ni au sénat sur la convention littéraire.

Voici ce que disait, le 24 janvier 1882, à la chambre des représentants, le ministre des finances, M. Graux, à l'occasion de la discussion générale ouverte sur les traités :

« Nous avons un traité avec l'Italie, qui n'expire
» qu'au mois de mai prochain. Nous avons un autre
» traité qui nous lie à l'Angleterre..... Aussi longtemps
» que ces traités subsistent, la France a également le
» droit d'en réclamer l'application en vertu de la clause
» de la nation la plus favorisée. »

Dans la même séance, il ajoutait :

« Tous les traités conclus avec les États autres que
» l'Angleterre et l'Italie stipulent le traitement de la

» nation la plus favorisée, de telle sorte que les clauses
» qui existent dans le traité italien et dans le traité
» anglais peuvent être aujourd'hui invoquées par tous
» les États avec lesquels nous avons des rapports com-
» merciaux. *Elles peuvent l'être par la France elle-*
» *même*....... »

M. le ministre des finances disait encore dans la
séance du 25 janvier 1882 :

« Le traité conclu entre la Belgique et l'Italie con-
» tient une clause identique..... La France n'aura-t-elle
» pas le droit d'exiger, en vertu de la clause qui stipule
» à son profit le traitement de la nation la plus favo-
» risée, le maintien de la législation actuelle aussi
» longtemps qu'elle subsistera vis-à-vis de l'Italie et de
» l'Angleterre ? »

« *M. Malou.* — Il est donc plus favorable. »

« *M. le ministre des finances.* — La France est maî-
» tresse de l'apprécier comme elle l'entend. Ce n'est pas
» à nous d'en juger. Nous ne pouvons contester qu'aussi
» longtemps que le régime actuel existera dans certains
» traités, il pourra être réclamé par des États qui, le
» jugeant plus favorable, invoqueront le traitement de
» la nation la plus favorisée. »

Et l'honorable chef du cabinet, M. Frère-Orban,
ministre des affaires étrangères, disait encore le 26 janvier 1882 :

« Si un importateur soutient qu'il a le droit de récla-
» mer le bénéfice du traité anglais en vertu de la clause
» de la nation la plus favorisée, l'honorable ministre
» des finances vous a dit qu'il faudrait le lui accorder.

» *On n'a pas cessé de dire que l'option dans l'état*
» *actuel des choses est de droit......*

» Le traité avec l'Angleterre, n'étant pas dénoncé, et
» il y a fort peu de chance pour qu'il soit dénoncé,
» permet à tous les importateurs français, s'ils trouvent
» que ses dispositions sont plus favorables que celles
» du traité de 1881, d'en invoquer le bénéfice en vertu
» de la clause de la nation la plus favorisée. »

Et l'honorable M. Paul Janson, disait dans la même séance :

« Nous ne nous occupons pas ici des intérêts fran-
» çais. Nous avons surtout à nous occuper des intérêts
» belges, et il est nécessaire que, même en l'absence de
» toute réclamation du gouvernement français, chaque
» importateur puisse excercer son droit d'option.

» L'honorable ministre des finances disait tout à
» l'heure : « Si la France juge que le régime de l'ancien
» traité est plus favorable, elle l'obtiendra ».

» Ceci peut prêter matière à controverse.

» On a discuté, en effet, la question de savoir si la
» clause du traité qui dispose que la Belgique obtiendra
» le régime de la nation la plus favorisée, si, dis-je, cette
» clause peut être invoquée individuellement par cha-
» que importateur, ou bien s'il faut que cette clause soit
» invoquée par le gouvernement français lui-même. En
» d'autres termes, je demande si chaque importateur a
» qualité pour venir dire au gouvernement : le système
» douanier est préférable, j'en revendique le profit.

M. Frère-Orban, *ministre des affaires étrangères.* —
» *Cela n'est pas douteux. Cela existe comme pour les con-*
» *ventions littéraires.* »

Cette déclaration du chef du gouvernement, du ministre qui a présenté le traité de commerce et la conven-

tion littéraire, les affirmations du ministre des finances quant à l'application de la clause de la nation la plus favorisée, tout cela est décisif en faveur de notre thèse : les citoyens français ont le droit de revendiquer, quant à la convention littéraire, le traitement de la nation la plus favorisée.

Nous pensons qu'il ne peut subsister aucune équivoque à cet égard.

Cette question ne nous a jamais paru un instant contestable, et nous tenons à déclarer que, si nous sommes entré dans d'aussi longs développements pour combattre l'opinion exprimée par M. Demeur, c'est par déférence pour sa personnalité, son caractère et son talent. L'honorable rapporteur de la convention littéraire franco-belge jouit, en effet, d'une autorité bien justifiée par ses travaux et sa science juridiques. Nous avons cru devoir produire un véritable luxe d'arguments pour combattre un pareil adversaire, et nous espérons que la démonstration topique, concluante à laquelle nous nous sommes livré nous ralliera l'opinion de l'honorable M. Demeur lui-même.

CHAPITRE VII

Voyons maintenant quelle est, de par les divers traités internationaux, la situation faite, en Belgique, aux Français.

Dans notre précédent travail, nous avons constaté que la Belgique avait conclu des conventions littéraires de diverses catégories, s'appliquant, les unes, aux ouvrages antérieurs et postérieurs à la promulgation des traités, les autres, portant seulement sur les ouvrages postérieurs à la promulgation de la loi.

Depuis 1880, de nouvelles conventions ont été conclues. Pour étendre aux Français les avantages de la clause de la nation la plus favorisée, — nous n'en prendrons qu'une, la plus favorable, et nous en revendiquerons l'application aux intérêts français.

Voici le texte de la convention conclue par la Belgique avec l'Espagne le 26 juin 1880 et promulguée le 11 mars 1881 :

« ARTICLE PREMIER. — A partir de la date à laquelle la présente convention entrera en vigueur conformément aux dispositions de l'article 9, les Belges, auteurs d'œuvres scientifiques, littéraires ou artistiques, ou leurs ayants-droit, qui assurent, dans les formes prescrites par la loi, leur droit de propriété ou de reproduction en Belgique, l'assureront par là-même en Espagne, sans nouvelles formalités et y jouiront, sous le rapport des limites et de la durée de la propriété desdites œuvres, des droits que leur accorde la législation belge.

« *Réciproquement, les Espagnols jouiront en Belgique des droits que la législation de ce pays, en matière de propriété littéraire et artistique, assure aux nationaux. L'exercice de ces droits ne sera subordonné à aucune formalité.*

« Sous la dénomination d'œuvres scientifiques, littéraires et artistiques, employée au commencement de cet article, on comprendra les publications de livres, d'*ouvrages dramatiques*, de *compositions musicales*, de dessins, de peinture, de sculpture, de gravure, de lithographie, de photographie, de cartes, plans, dessins scientifiques, *et de toute autre production scientifique, littéraire ou artistique* qui pourrait être faite par tout système quelconque d'impression ou de reproduction connu ou qui serait inventé à l'avenir. »

Voilà qui est clair. Les Espagnols ont, en Belgique, les mêmes droits que les auteurs nationaux, sans la moindre restriction, ni réserve, ni forme conservatoire exceptionnelle.

Art. 2. — « Demeurent interdites dans chacun des deux pays l'impression, la vente, l'importation et l'exportation d'œuvres dans l'idiome ou dialecte de l'autre, sans l'autorisation du propriétaire de l'œuvre originale.

« *La même interdiction s'appliquera à la représentation d'œuvres dramatiques et à l'exécution en public de
compositions musicales.* »

Les mêmes principes régissent donc la représentation d'œuvres dramatiques ou l'exécution en public
d'œuvres musicales.

C'est bien clair également. Il n'y a aucune réserve ni
restriction.

Art. 3. — « *Les auteurs de toute œuvre publiée dans
l'un des deux pays conserveront le droit de traduction
aussi longtemps qu'ils jouiront du droit de propriété des
originaux dans le même pays, conformément à ses lois.* »

Le droit de traduction est assimilé au droit sur les
œuvres originales.

Voilà donc les Espagnols ayant, en Belgique, la pleine
propriété de leurs œuvres dans le domaine littéraire et
artistique, à l'égal des auteurs nationaux, tant au point
de vue de la publication qu'à celui de la représentation
et de la traduction.

La clause du traitement de la nation la plus favorisée
à la main, nous disons : cette situation ne peut pas
être refusée aux intérêts français, elle leur appartient
ipso jure.

— — — — —

CHAPITRE VIII

LES VŒUX ÉMIS PAR LA CHAMBRE FRANÇAISE
EN FÉVRIER 1882 SONT PLEINEMENT ACQUIS EN BELGIQUE

Nous reproduisons ici le projet présenté, lors de la discussion de la convention littéraire franco-belge devant le parlement français, projet présenté, sous forme de vœux, par la commission spéciale, adopté par la chambre des députés et adressé au gouvernement de la république.

Ce projet constitue l'idéal de tous les intéressés.

Il porte :

« 1° Reconnaissance de la propriété des œuvres littéraires ou artistiques au profit des auteurs dans les conditions d'existence et de durée accordées aux nationaux.

« 2° Reconnaissance et maintien du droit d'édition et de publication, distinct du droit de représentation tant des œuvres originales que des traductions.

« 3° Assimilation du droit de traduction au droit de propriété de l'œuvre originale. »

Telles sont les bases proposées pour les futures conventions internationales par la France elle-même, et nous avons la satisfaction d'avoir démontré que ces *desiderata*, ainsi formulés par les auteurs et compositeurs français, leur sont dès à présent assurés de plein droit en Belgique.

Cela ne peut être l'objet d'aucune hésitation, et l'exposé que nous venons de faire en est la démonstration évidente.

Puissent les futures négociations ne plus venir détruire ni énerver les avantages qui sont acquis! Ce sera la plus belle récompense de nos longs et persévérants efforts.

DEUXIÈME PARTIE

LÉGISLATION APPLICABLE AUX AUTEURS ET AUX COMPOSITEURS NATIONAUX

CHAPITRE PREMIER

ÉTAT DE LA LÉGISLATION

Il résulte de la démonstration qui vient d'être faite que la nouvelle convention franco-belge est virtuellement débarrassée des restrictions, des réserves et des entraves dont elle est encombrée.

Dans ces conditions, l'application restrictive de cette convention et les décisions contraires aux principes que nous avons exposés doivent faire place à la doctrine nouvelle que nous préconisons (1).

---

(1) N° 100. Les conventions conclues entre la France et la Belgique, le 22 août 1852 et le 1er mai 1861, maintenues en vigueur par le traité du 23 juillet 1873 et prorogées par la déclaration du 18 octobre 1879 (voyez la convention-loi du 13 mai 1882), sont encore obligatoires en Belgique et peuvent être invoquées par les citoyens français.

Un Français peut, de plein droit, se prévaloir en Belgique de l'article 4,

Voyons maintenant quel est, en Belgique, l'état de la législation concernant la représentation d'ouvrages dramatiques ou l'exécution d'œuvres musicales sur les théâtres publics et dans d'autres réunions similaires.

Nous allons successivement aborder l'examen de ces trois points.

Les principes que nous soutenons sont ceux des lois qui nous régissent. Mais comme ils n'ont guère été sanctionnés en Belgique, nous invoquerons la jurisprudence

§ 1er, de la convention du 1er mai 1861, lequel assure aux citoyens français la jouissance de tout privilège ou avantage que la Belgique aurait accordé à un pays tiers en matière de propriété d'œuvres littéraires ou d'art.

Il peut, en conséquence, invoquer en sa faveur le régime de protection accordé par la Belgique aux œuvres dramatiques et aux compositions musicales d'origine portugaise ou suisse, par les conventions du 11 octobre 1866 et du 25 avril 1867.

Par l'effet de ces conventions, les entreprises théâtrales belges ne sont plus autorisées à représenter des œuvres françaises sans le consentement exprès et écrit des auteurs, même en offrant le paiement des droits tarifés par l'article 4 de la convention du 1er mai 1861. — Trib. Bruxelles, 3 août 1880. Belg. Jud. 1880. 1057 (Stoumon et Calabresi c. Verdi, etc.).

N° 101. *Les auteurs français ont, en Belgique, le privilège de pouvoir seuls traduire leurs œuvres.*

L'article 6 de la convention avec la France, du 1er mai 1861, qui subordonne le droit exclusif de traduction à certaines conditions ou restrictions, ne s'applique qu'aux ouvrages publiés. Il n'est pas applicable aux manuscrits ou aux pièces manuscrites.

L'article 4 de cette convention, qui permettait à tout directeur de théâtre de faire jouer en Belgique une œuvre dramatique française, même sans le consentement de l'auteur, moyennant paiement du droit fixé par le tarif établi par cet article, *ne peut plus être invoqué actuellement contre les auteurs français. Leurs œuvres ne peuvent plus être représentées en Belgique que de leur consentement.* — Bruxelles, 17 mai 1880. Belg. Jud. 1880. 1201. *Pas.* 1880, II, 204 (Zola c. Driessens). — Voyez la convention-loi entre la Belgique et la France du 13 mai 1882.

N° 103. La confiscation du produit de la représentation constitue, aux termes de l'article 4 de l'arrêté du 21 octobre 1830, la réparation du dommage causé à celui dont la composition dramatique a été représentée sans son consentement (Résolu implicitement).

Bruxelles, 10 août 1880. Belg. Jud. 1881. 781 (Zola c. Driessens).

française, car il s'agit surtout de la loi de 1791 et du code pénal de 1810, qui s'appliquent à la Belgique comme à la France.

On ne s'étonnera pas de nous voir emprunter aux Français l'interprétation des lois portées par leurs législateurs, quand elles sont communes aux deux pays.

Les Français peuvent, en vertu de nos traités internationaux, réclamer les mêmes droits que les Belges.

Ils peuvent, *en outre*, se prévaloir de la convention littéraire franco-belge, *si celle-ci stipule un avantage qui n'existerait pas dans la législation antérieure*.

Telle est la situation très nette.

Dès lors, les lois de 1791 à 1815, communes à la Belgique et à la France, ainsi que la jurisprudence qui s'y rapporte, le décret de 1830 et la convention littéraire, voilà l'ensemble des lois qui peuvent être invoquées.

Les voici dans l'ordre chronologique :

— Lois des 13-19 juillet 1791 ; 19 juillet-6 août 1791 ; 19-24 juillet 1793 ; 8 décembre 1805 ; 8 juin 1806 ; 5 février 1810. — Dispositions du code civil et du code pénal, relatives à la propriété, et spécialement les articles 425 à 429 du code pénal de 1810.

Nous rejetons en note cette documentation, pour alléger la marche de nos développements théoriques (1).

---

(1) DÉCRET RELATIF AUX SPECTACLES (13-19 janvier 1791)

« L'assemblée nationale, ouï le rapport de son comité de constitution,
» décrète ce qui suit :
» ARTICLE PREMIER. — Tout citoyen pourra élever un théâtre public et y
» faire représenter des pièces de tous les genres, en faisant, préalablement
» à l'établissement de son théâtre, sa déclaration à a municipalité des lieux.
» ART. 2. — Les ouvrages des auteurs morts depuis cinq ans et plus
» sont une propriété publique et peuvent, nonobstant tous les anciens

CHAPITRE II

HISTORIQUE DES LOIS DE 1791, DE 1793 ET DU CODE PÉNAL DE 1810

Pour bien apprécier le caractère et la portée des décrets français, il convient d'en faire l'historique, car ils constituent la base de notre matière, ils forment, en quelque sorte, la déclaration des droits du génie et de l'intelligence.

» priviléges, qui sont abolis, être représentés sur tous les théâtres indis » tinctement.

» ART. 3. — Les ouvrages des auteurs vivants ne pourront être repré- » sentés sur aucun théâtre public, dans toute l'étendue de la France, sans » le consentement formel et par écrit des auteurs, sous peine de confiscation » du produit total des représentations au profit des auteurs.

» ART. 4. — La disposition de l'article 3 s'applique aux ouvrages déjà » représentés, quels que soient les anciens règlements. Néanmoins les actes » qui auraient été passés entre les comédiens et des auteurs vivants, ou des » auteurs morts depuis moins de cinq ans, seront exécutés.

» ART. 5. — Les héritiers ou cessionnaires des auteurs seront proprié- » taires de leurs ouvrages durant l'espace de cinq années après la mort de » l'auteur. »

« L'assemblée nationale, après avoir entendu le rapport de son comité » de constitution, considérant que la loi du 16 août 1790 n'était que provi- » soire, et que la loi du 13 janvier dernier contient des dispositions géné-

Nous pourrons puiser dans cet historique des rensei-
gnements et des exemples qui prouvent que, depuis près
d'un siècle, nous n'avons guère progressé dans les

» rales qui seules doivent être exécutées dans toute la France, a décrété,
» sur l'article premier du projet du comité, qu'il n'y a pas lieu à délibérer.

» ARTICLE PREMIER. — Conformément aux dispositions des articles 3 et 4
» du décret du 13 janvier dernier, concernant les spectacles, les ouvrages
» des auteurs vivants, même ceux qui étaient représentés avant cette
» époque, soit qu'ils fussent ou non gravés ou imprimés, ne pourront être
» représentés sur aucun théâtre public, dans toute l'étendue du royaume,
» sans le consentement formel et par écrit des auteurs, ou sans celui de
» leurs héritiers ou cessionnaires, pour les ouvrages des auteurs morts
» depuis moins de cinq ans, sous peine de confiscation du produit total
» des représentations au profit de l'auteur ou de ses héritiers ou ces-
» sionnaires.

» ART. 2. — La convention entre les auteurs et les entrepreneurs de
» spectacles sera parfaitement libre, et les officiers municipaux, ni aucun
» autre fonctionnaire public, ne pourront taxer les dits ouvrages, ni modérer
» ou augmenter le prix convenu ; et la rétribution des auteurs, convenue
» entre eux ou leurs ayants cause et les entrepreneurs des spectacles, ne
» pourra être ni saisie ni arrêtée par les créanciers des entrepreneurs du
» spectacle. »

DÉCRET RELATIF AUX DROITS DE PROPRIÉTÉ DES AUTEURS D'ÉCRITS EN TOUT GENRE,
DES COMPOSITEURS DE MUSIQUE, DES PEINTRES ET DES DESSINATEURS,
(19-24 juillet 1793, an II de la république)

» La convention nationale,
» Après avoir entendu son comité d'instruction publique,
» Décrète ce qui suit :
» ARTICLE PREMIER. — Les auteurs d'écrits en tout genre, les compositeurs
» de musique, les peintres et dessinateurs, qui feront graver des tableaux
» ou dessins, jouiront, durant leur vie entière, du droit exclusif de vendre,
» faire vendre, distribuer leurs ouvrages dans le territoire de la république,
» et d'en céder la propriété en tout ou en partie.
» ART. 2. — Leurs héritiers ou cessionnaires jouiront du même droit
» durant l'espace de dix ans après la mort des auteurs.
» ART. 3. — Les officiers de paix seront tenus de faire confisquer, à la
» réquisition et au profit des auteurs, compositeurs, peintres ou dessinateurs
» et autres, leurs héritiers ou cessionnaires, tous les exemplaires des éditions
» imprimées ou gravées sans la permission formelle et par écrit des auteurs.
» ART. 4. — Tout contrefacteur sera tenu de payer au véritable pro-

domaines de la raison et de la justice. Tout ce que nous retrouvons dans l'esprit et dans le cœur des citoyens qui composaient cette mémorable assemblée nationale de.

» priétaire une somme équivalente au prix de trois mille exemplaires de
» l'édition originale.
   » Art. 5. — Tout débitant d'édition contrefaite, s'il n'est pas reconnu
» contrefacteur, sera tenu de payer au véritable propriétaire une somme
» équivalente au prix de cinq cents exemplaires de l'édition originale.
   » Art. 6. — Tout citoyen qui mettra au jour un ouvrage, soit de litté-
» rature ou de gravure, dans quelque genre que ce soit, sera obligé d'en
» déposer deux exemplaires à la bibliothèque nationale ou au cabinet des
» estampes de la république, dont il recevra un reçu signé par le biblio-
» thécaire ; faute de quoi il ne pourra être admis en justice pour la poursuite
» des contrefacteurs.
   » Art. 7. — Les héritiers de l'auteur d'un ouvrage de littérature ou de
» gravure, ou de toute autre production de l'esprit ou du génie qui appar-
» tiennent aux beaux-arts, en auront la propriété exclusive pendant dix
» années. »

Œuvres posthumes.

DÉCRET DU 8 DÉCEMBRE 1805 (1er germinal an XIII)

. . . .

   « Les propriétaires par succession ou à un autre titre ont le même droit
» que l'auteur, et les dispositions des lois sur la propriété exclusive des
» auteurs et sur sa durée leur sont applicables. »

DÉCRET CONCERNANT LES THÉATRES, 8 juin 1806

. . . .

TITRE III. — DES AUTEURS.

   « Art. 10. — Les auteurs et les entrepreneurs seront libres de déterminer
» entre eux, par des conventions mutuelles, les rétributions dues aux pre-
» miers, par somme fixe ou autrement.
   « Art. 11. — Les autorités locales veilleront strictement à l'exécution de
» ces conventions.
   » Art. 12. — Les propriétaires d'ouvrages dramatiques posthumes ont
» les mêmes droits que l'auteur, et les dispositions sur la propriété des
» auteurs et sa durée leur sont applicables, ainsi qu'il est dit au décret du
» 1er germinal an XIII. »

DÉCRET DU 5 FÉVRIER 1810

. . . . . , ...

   «. Art. 39. — Le droit de propriété est garanti à l'auteur et à sa veuve

1791 et 1793 demeure encore vrai aujourd'hui, et beaucoup d'idées qu'ils exprimèrent, ainsi qu'un grand nombre des principes salutaires qu'ils préconisèrent, sont encore bien loin de leur réalisation.

» pendant leur vie, si les conventions matrimoniales de celle-ci lui en
» donnent le droit, et à leurs enfants pendant vingt ans.

» ART. 40. — Les auteurs, soit nationaux, soit étrangers, de tout ouvrage
» imprimé ou gravé, peuvent céder leur droit à un imprimeur ou libraire,
» ou à toute autre personne, qui est alors substituée en leurs lieu et place,
» pour eux et leurs ayants cause, comme il est dit à l'article précédent.

Code pénal de 1810

« ART. 425. — Toute édition d'écrits, de composition musicale, de
» dessin, de peinture ou de toute autre production, imprimée ou gravée, en
» entier ou en partie, au mépris des lois et règlements relatifs à la
» propriété des auteurs, est une contrefaçon, et toute contrefaçon est un
» délit.

» ART. 426. — Le débit d'ouvrages contrefaits, l'introduction sur le
» territoire français d'ouvrages qui, après avoir été imprimés en France,
» ont été contrefaits chez l'étranger, sont un délit de la même espèce.

» ART. 427. — La peine contre le contrefacteur ou contre l'introducteur
» sera une amende de 100 francs au moins et de 2,000 francs au plus, et
» contre le débitant, une amende de 25 francs au moins et de 500 francs au
» plus. — La confiscation de l'édition contrefaite sera prononcée tant
» contre le contrefacteur que contre l'introducteur et le débitant. — Les
» planches, moules ou matrices des objets contrefaits seront aussi
» confisqués.

» ART. 428. — Tout directeur, tout entrepreneur de spectacle, toute
» association d'artistes, qui aura fait représenter sur son théâtre des
» ouvrages dramatiques au mépris des lois et règlements relatifs à la
» propriété des auteurs, sera puni d'une amende de 50 francs au moins, de
» 500 francs au plus, et de la confiscation des recettes.

» ART. 429. — Dans les cas prévus par les quatre articles précédents, le
» produit des confiscations, ou les recettes confisquées, seront remis au
» propriétaire, pour l'indemniser d'autant du préjudice qu'il aura souffert.
» Le surplus de son indemnité, ou l'entière indemnité, s'il n'y a eu ni vente
» d'objets confisqués, ni saisie de recettes, sera réglé par les voies
» ordinaires. »

Vient ensuite la législation belge proprement dite.

Décret du gouvernement provisoire du 21 octobre 1830 :

« Le gouvernement provisoire,
» Attendu que la manifestation publique et libre de la pensée est un

Avant la révolution française, l'arbitraire et la barbarie régnaient dans le domaine des œuvres intellectuelles.

Des comédiens étaient, en droit et en fait, les propriétaires sans partage des chefs-d'œuvre de Corneille, Racine, Molière, Voltaire, etc. Ils exploitaient, dans leur intérêt exclusif, le répertoire de ces immortels créateurs, sans trop se soucier de l'art et du goût, et moins encore des intérêts des auteurs ou de leurs descendants.

L'histoire rapporte que l'héritier d'un grand poète vivait dans l'indigence et la misère, à côté du spéculateur enrichi de sa dépouille.

Les choses allèrent ainsi jusqu'au jour où Beaumarchais prit la résolution de défendre les auteurs contre les comédiens.

» droit déjà reconnu et qu'il y a lieu de faire disparaître, au théâtre » comme ailleurs, les entraves par lesquelles le pouvoir en a gêné » l'exercice ;

» Sur la proposition de l'administration générale de la sûreté publique, » Arrête :

» ARTICLE PREMIER. — Toute personne peut élever un théâtre public et » y faire représenter des pièces de tout genre, en faisant, préalablement à » l'établissement de son théâtre, sa déclaration à l'administration municipale » du lieu.

» ART. 2. — La représentation d'une pièce ne pourra être défendue, » sauf la responsabilité de l'auteur et des acteurs.

» ART. 3. — Les règlements de police actuellement existants seront » revus, sans retard ; jusqu'alors ils seront provisoirement exécutés en tant » qu'ils ne sont pas contraires au présent arrêté.

» ART. 4. — Toute composition dramatique d'un auteur belge ou » étranger, représentée pour la première fois sur un théâtre de la Belgique, » ne pourra être représentée sur aucun théâtre public, dans toute l'étendue » du territoire belge, sans le consentement formel et par écrit de l'auteur, » sous peine de confiscation, à son profit, du produit total des représen-» tations.

» ART. 5. — Les héritiers en ligne directe, descendants des auteurs, et » à leur défaut l'épouse survivante, succèdent à la propriété des ouvrages » et conservent les droits qui en dérivent pendant dix ans après la mort » des auteurs. »

Ces derniers étaient tout, parce qu'ils agissaient contre des gens isolés, dispersés, sans force, sans appui contre des gens qui avaient plus d'intelligence de leur art que de connaissance des affaires ou de souci de leurs intérêts.

Beaumarchais n'obtint d'abord aucun succès. Mais loin de se laisser décourager par le mauvais vouloir des comédiens, il lutta avec une rare persévérance, bien plus — quoi qu'on en ait dit — pour le principe que pour ses propres intérêts. Après de longs et laborieux efforts, il se décida, sur l'avis du maréchal duc de Duras, à réunir tous les auteurs du Théâtre-Français, dans le but de préparer un projet de règlement.

Cette première réunion eut lieu à sa table, le 3 juillet 1777. Elle est l'origine de la *Société des auteurs dramatiques*.

Ils prirent une délibération aux termes de laquelle ils chargeaient Beaumarchais de poursuivre, en leur nom, la revendication de leurs droits et lui adjoignaient quatre délégués pour l'aider et le suppléer dans cette mission.

« Ont signé cette résolution : Rochon de Chabannes, Lemierre, La Place, Chamfort, Bret de Sauvigny, Blin de Sainmore, Gudin de la Brenellerie, Du Doyer, Lefèvre, Ducis, Favart, Dorat, Lemonnier, Cailhava, Leblanc, Barthe, Rousseau. »

Plus bas est écrit : « Et nous quatre, commissaires, honorés de la nomination de la présente assemblée, avons accepté et signé la présente délibération :

« Saurin, Marmontel, Sedaine, Caron, de Beaumarchais. »

A ces vingt et un auteurs, il convient d'ajouter, comme membres de la société, les trente et un qui suivent et dont la signature est placée au bas de la délibération prise à l'assemblée des auteurs dramatiques, au Louvre, le 12 août 1791, pour approuver le rapport de Beaumarchais sur le traitement proposé par la Comédie-Française: Ducis, Lemierre d'Argis, de La Harpe, Brousse des Faucherets, Chénier, Palissot, Leblanc, Dubreuil, Fillette-Loraux, Guillard, de Santerre, La Montagne, de Sade, des Fontaines, Pujoulx, Harni, Faur, Laujon, Dubuisson, André de Murville, Cubières, Fenouillot de Falbaire, Mercier, Fallet, Dumaniant, Radet, Patrat, GRÉTRY, Dalayrac, Lemoine, Jorgeot.

Les réunions chez Beaumarchais se succèdèrent. Elles donnèrent les meilleurs résultats. Le premier fut de rendre les comédiens plus traitables. « Ils voulaient » bien les auteurs en baguettes ; ils les redoutaient en » faisceau. » Après une lutte qui ne dura pas moins de trois années, les auteurs obtinrent un acte conciliatoire qui motiva plusieurs arrêts du conseil. Quoique plus avantageux que les précédents, ces arrêts laissaient encore beaucoup à désirer. En 1791 seulement, les auteurs présentèrent à l'assemblée nationale une pétition qui motiva la loi du 13 janvier. Cette loi forme encore aujourd'hui la base de la législation en ce qui concerne les droits des auteurs dramatiques.

La loi des 13-19 janvier 1791 fut votée à la suite de cette pétition préparée par l'assemblée des auteurs, qui se réunissaient alors chez Sedaine, l'un des commissaires et représentants perpétuels des auteurs dramatiques. Les termes en furent arrêtés chez Mirabeau, et elle fut présentée à la barre de l'assemblée constituante par La Harpe. Elle était signée par La Harpe, J. Sedaine, Cailhava, Ducis, Fenouillot, Lemierre, Laujon, Marie-

Joseph Chénier, Mercier, Palissot, Fabre d Eglantine, Framery, André de Murville, Forgeot, de Sauvigy, de Maisonneuve, Vigée, Chamfort, Fallet, etc. Les signataires de cette pétition étaient tous auteurs du Théâtre-Français et appartenaient à la société formée par Beaumarchais.

D'autres auteurs, travaillant plus spécialement pour les théâtres de genre et ne faisant pas partie de la société créée par Beaumarchais, présentèrent également à l'assemblée nationale une pétition en contradiction avec celle de ces derniers, en ce sens que, tout en réclamant la consécration du droit des auteurs, ils demandaient avec instance que la Comédie-Française restât exclusivement propriétaire de son ancien répertoire. Ce document, rédigé par Parisau, portait pour titre : *Pétition des auteurs dramatiques qui n'ont pas signé celle de M. de La Harpe.* Les signataires s'appelaient Desforges, Desfontaines, Aude, de La Chabeaussière, Hoffmann, Dancourt, Dantilly, Radet, Rauquit, Lieutaud, Fiévée, Barré, Lamontagne, Landrin, Piccini fils, Ducrai-Duménil, Picard, Pujoulx, Boutillier, Patral, Dubreuil, Parisau, Poinsinet de Sivry, d'Arnaud et de Boissy. Les signatures de ces trois derniers étaient précédées d'annotations individuelles enchérissant encore sur les termes de la pétition.

Malgré cette opposition et la vive défense des comédiens français pour la conservation de leur ancien répertoire, Chapelier présenta, au nom du comité de constitution, le 13 janvier 1791, un projet de décret qui fut voté le même jour (1).

(1) RAPPORT DE CHAPELIER A L'ASSEMBLÉE CONSTITUANTE sur le décret relatif aux spectacles, des 13-19 janvier 1791.

« Vous avez chargé votre comité de constitution de vous rendre compte

Parmi les orateurs qui prirent part à la discussion à l'assemblée nationale, on remarque l'abbé Maury, réclamant la censure, Mirabeau, réfutant cette prétention,

de la pétition des auteurs dramatiques, et par ce renvoi, vous avez semblé préjuger la question qui vous est soumise. Elle tient réellement aux principes de liberté et de propriété publiques. Elle doit être décidée par ces principes. Les auteurs dramatiques demandent la destruction du privilége exclusif qui place dans la capitale un théâtre unique où sont forcés de s'adresser tous ceux qui ont composé des tragédies ou des comédies d'un genre élevé. Ils demandent que les comédiens attachés à ce théâtre, ne soient plus, ni par le droit ni par le fait, les possesseurs exclusifs des chefs-d'œuvre qui ont illustré la scène française.

» Les comédiens, vulgairement connus sous la dénomination de comédiens français, se permettent de convenir qu'il ne peut plus exister de privilége exclusif, et ils vont jusqu'à avouer qu'il ne peut être établi, dans la capitale, un autre théâtre où pourront, comme sur le leur, être représentées les pièces qu'ils ont jusqu'à présent regardées comme leur domaine particulier. Mais ils prétendent être propriétaires sans partage des chefs-d'œuvre de Corneille, Racine, Molière, Crébillon et autres, et de tous les auteurs qui, par la disposition d'un règlement, ont, suivant les comédiens, perdu leur propriété, ou qui, sous la loi du privilège exclusif, ont traité avec eux. Tel est le débat que vous devez terminer par une loi générale sur les spectacles, sur la propriété des auteurs et sur la durée qu'elle doit avoir. Enfin, il est nécessaire, puisque la matière se présente, que vous fassiez quelques dispositions législatives sur la police des spectacles.

» Les auteurs dramatiques devaient, autant et plus que tous les écrivains, être libres dans le choix de ceux qui représentent leurs ouvrages et dans l'expression de leur pensée. Le public devait avoir la propriété de ces chefs-d'œuvre qui, plus et mieux que les conquêtes de Louis XIV, ont illustré son règne, et chacun devait être maître de s'emparer des ouvrages immortels de Molière, de Corneille et de Racine, pour essayer d'en rendre les beautés et de les faire connaître.

» Mais le despotisme, qui flétrissait tout, qui portait ses regards sur toutes les institutions pour les maîtriser, avait envahi cette propriété commune et l'avait mise en privilége exclusif. Les comédiens français soutiennent que les pièces de Corneille, de Racine, de Molière, de Voltaire, etc., sont leur propriété. Si on lisait cette phrase à un homme fort instruit des principes des gouvernements, mais ne sachant ni l'histoire de celui dont nous nous sommes débarrassés, ni celle de la superbe révolution qui nous ramène aux maximes pures de l'ordre social, il regarderait comme un délire une semblable prétention. Dans le mémoire qu'ils ont donc fait pour essayer d'opérer cette utile métamorphose, ils ont fixé la discussion à quatre points principaux, qui réellement peuvent faire passer sous vos yeux les objets de la pétition

Folleville, parlant en faveur des comédiens, Robespierre, attaquant l'article 6 comme destructif de la liberté des théâtres, de Landine, demandant qu'on étendît à dix

des auteurs dramatiques. Ces derniers, après avoir exposé le régime tyrannique sous lequel ils ont vécu, ont demandé qu'il fût permis à tout citoyen d'établir un théâtre public, sous l'inspection de la municipalité des lieux, que les règlements arbitraires ne fussent plus clandestinement faits par des commissaires que la loi ne connaît pas.

» L'art de la comédie doit être libre comme tous les autres genres d'industrie. Ce talent, longtemps flétri par le préjugé, a enfin pris, au nom de la raison et de la loi, la place que doit occuper dans la société tout art utile. Qu'il soit permis à chacun de l'exercer, et que seulement une surveillance de la police municipale empêche les abus qui tiennent, non à l'exercice de l'art, mais aux fautes des comédiens.

» Il est désormais très reconnu que chacun doit, à son gré, exercer son industrie. Ce n'est que sous le règne des privilèges qu'on met des entraves à cette faculté de l'homme, et on cherche à cet abus d'autorité de frivoles prétextes dans le perfectionnement de l'art, dans la conservation des mœurs.

» Le perfectionnement de l'art tient à la concurrence ; elle excite l'émulation, elle développe les talents, elle entretient les idées de gloire, elle réunit l'intérêt à l'amour-propre, et tourne au profit du public ces deux sentiments qui, quand ils sont séparés, ne sont pas toujours assez vifs chez les hommes pour les exciter à de pénibles travaux.

« Mais, dit-on, il y aura trop de spectacles ! Les citoyens seront détournés de leurs occupations utiles, les provinces seront fatiguées de troupes de comédiens. Laissez à l'intérêt le soin de ne former que des établissements qui pourront être avantageux. Laissez encore à ce guide très sûr le soin de tempérer le goût des spectacles et de préférer des opérations lucratives à des délassements dispendieux.

» C'est à la gravité de l'assemblée que nous rendons hommage, en posant quelques principes à cet égard. La plus sacrée, la plus légitime, la plus inattaquable et, si je puis parler ainsi, la plus personnelle de toutes les propriétés est l'ouvrage, fruit de la pensée d'un écrivain ; cependant c'est une propriété d'un genre tout différent des autres propriétés.

» Tous demandent qu'en conservant religieusement les actes que quelques-uns ont passés, mais n'ayant point égard à des règlements bien illégaux et bien abusifs, on consacre le droit qu'ils ont de disposer de leur propriété, de telle manière qu'aucune troupe de comédie ne puisse jouer leur pièce sans leur consentement.

» Il nous paraît que cette demande est fondée sur les maximes les plus claires de la justice. Les comédiens sont pour les auteurs dramatiques ce que les imprimeurs et les libraires sont pour les écrivains ; les uns et les autres transmettent au public les pensées des hommes de génie, à cette

années le droit des héritiers. A la suite de cette discussion, le projet du comité fut adopté avec sa rédaction primitive, et sanctionné par Louis XVI le 19 janvier 1791.

Cette loi fut rapportée le 30 août 1792, à la suite des réclamations des auteurs spoliés dans la province et des directeurs des différents théâtres autres que ceux de Paris.

La pétition présentée à ce sujet à l'assemblée nationale par Beaumarchais est très curieuse. Puis vint le décret du 19-24 juillet 1793, et le 1er septembre 1793 parut un décret abrogeant celui du 30 août 1792 et remettant en vigueur ceux des 13 janvier et 19 juillet 1791 dans toutes leurs dispositions (1).

différence près, que les comédiens sont bornés à l'enceinte du théâtre sur lequel ils jouent, et que les autres n'ont que le monde pour limite.

» On sait très bien qu'il y a beaucoup de moyens d'exciter, de ménager la curiosité du public et de soutenir ou de faire tomber une pièce, ce que les comédiens, toujours heureux en expressions palliatives, appellent *dans les règles*. C'était déjà beaucoup que ce règlement déterminât la quotité qu'aurait un auteur dans la recette que produit sa pièce ; car c'est faire pour lui un contrat, que lui seul a le droit de faire avec les comédiens, et sa misérable part était le septième. Mais c'est le comble de l'injustice que de lui dire : « Si les comédiens jouent lâchement votre pièce, s'ils la placent à un jour où le public a d'autres amusements, s'ils la joignent à une pièce qui éloigne les spectateurs, c'en est fait de votre propriété. » Une loi pareille ne peut pas être reconnue, elle ne peut pas avoir d'effet ; c'est beaucoup trop que les comédiens en aient joui ; elle ne peut plus leur servir de titre. L'auteur n'a point perdu sa propriété par un règlement aussi léonin ; il a le droit de reprendre sa pièce et d'empêcher qu'on ne la joue sans son consentement. Telles sont les raisons qui nous décident pour la pétition des auteurs dramatiques. L'intérêt des comédiens eut été d'y consentir et de se joindre aux auteurs pour solliciter notre décret.»

(1) Voici le texte du rapport déposé par Lakanal, au nom du comité d'instruction publique, qui précéda le vote du décret du 1er septembre 1793 :

« Les comédiens envahissent impunément la propriété des auteurs dramatiques ; ceux-ci réclament contre l'usurpation de leurs droits : tel est le débat que vous devez terminer.

» Dans ces jours où l'assemblée constituante n'avait pas encore flétri sa

Vinrent ensuite les décrets des 8 décembre 1805, 5 février 1806, 8 juin 1806, 5 février 1810, le code pénal, etc.

Dans l'intervalle des décrets du 13 janvier 1791 au 1er septembre 1793, la convention nationale vota le décret des 19-24 juillet 1793, qui est spécial au droit de propriété des auteurs, compositeurs de musique, peintres et dessinateurs.

vieillesse, elle proclama le principe des propriétés dramatiques, elle reconnut solennellement qu'un ouvrage ne peut être représenté sur la scène sans le consentement formel de l'auteur, et que nul ne peut s'établir son légataire privatif sans l'aveu de ses héritiers ou cessionnaires.

» Que cet abus se fût introduit et qu'il eût prévalu faute de moyens de résistance, que les entrepreneurs de spectacles eussent regardé leur usurpation pour un titre, par cela seul qu'elle n'avait jamais été troublée, on le conçoit aisément. Mais croira-t-on qu'ils aient poussé la déraison jusqu'à soutenir en principe que l'acquisition d'un exemplaire d'une pièce théâtrale transmet à celui qui l'achète le droit d'en donner des représentations utiles pour lui seul, contre le gré de l'auteur, et sans l'associer au bénéfice ?

» Si, lorsque l'ouvrage sort des presses de l'imprimeur, le comédien pouvait se l'approprier, réciproquement l'imprimeur pourrait s'en saisir lorsqu'il sort de la bouche de l'auteur, et le mettre aussitôt en vente, ce qui répugne également aux usages, à vos décrets et surtout aux principes.

» Au mois d'août de l'année dernière, dans ces jours d'orage où l'assemblée législative ne pouvait pas donner une attention sérieuse à une question de ce genre, elle rapporta les sages dispositions de la loi que Mirabeau et Chapelier avaient provoquée dans un temps où ils stipulaient encore pour le peuple et la liberté.

» Le décret du corps législatif n'avait point été préparé dans les comités, et le rapporteur Romme, éclairé lui-même par un examen ultérieur, a reconnu l'imperfection de cette loi avec la bonne foi qu'on trouve chez ceux qui joignent les lumières à la droiture.

» Eh ! pourquoi, par une inégalité inadmissible, le bénéfice qui dérive originairement de la même source, et qui se partage entre des canaux différents, appartiendrait-il exclusivement à l'acteur, tandis que l'imprimeur se soumet à un juste partage ?

» C'est avec toute la confiance qu'inspirent votre justice et la légitimité de la cause que je défends que je vous propose, au nom de votre comité d'instruction publique, le projet de décret suivant. »

Ce décret donna lieu à un remarquable rapport de Lakanal (1).

Pour bien apprécier le caractère et la portée de ces lois, nous croyons nécessaire de reproduire ici le langage, si élevé et si juste, tenu à l'audience de la cour de cassation de Belgique, soixante-quinze ans plus tard, le 8 septembre 1859, par M. l'avocat-général Vanden Peereboom.

Il apprécie et commente cette loi de 1793 dans les termes suivants :

« Que la législation sur la propriété des œuvres d'art,

______

(1) Rapport de Lakanal à la convention nationale sur le décret relatif aux droits des auteurs, compositeurs de musique, peintres et dessinateurs.

19-24 juillet 1793.

« De toutes les propriétés, la moins susceptible de contestation, celle dont l'accroissement ne peut ni blesser l'égalité républicaine, ni donner d'ombrage à la liberté, c'est sans contredit celle des productions du génie ; et si quelque chose doit étonner, c'est qu'il ait fallu reconnaître cette propriété, assurer son libre exercice par une loi positive ; c'est qu'une aussi grande révolution que la nôtre ait été nécessaire pour nous ramener sur ce point, comme sur tant d'autres, aux simples éléments de la justice la plus commune.

Le génie a-t-il ordonné dans le silence un ouvrage qui recule les bornes des connaissances humaines, des pirates littéraires s'en emparent aussitôt, et l'auteur ne marche à l'immortalité qu'à travers les horreurs de la misère.

Et ses enfants !... Citoyens, la postérité du grand Corneille s'est éteinte dans l'indigence.

L'impression peut d'autant moins faire des productions d'un écrivain une propriété publique, dans le sens où les corsaires littéraires l'entendent, que, l'exercice utile de la propriété de l'auteur ne pouvant se faire que par ce moyen, il s'ensuivrait qu'il ne pourrait en user, sans la perdre à l'instant même.

Par quelle fatalité faudrait-il que l'homme de génie qui consacre ses veilles à l'instruction de ses concitoyens, n'eût à se promettre qu'une gloire stérile et ne pût revendiquer le tribut légitime d'un si noble travail ?

C'est après une délibération réfléchie que votre comité vous propose de consacrer des dispositions législatives qui forment en quelque sorte la déclaration des droits du génie. »

de littérature, de science, et des produits de l'industrie forme un ensemble de dispositions défectueuses, incohérentes et la plupart surannées, c'est ce que l'on ne saurait méconnaître. Qu'il soit urgent de refondre et de coordonner ces dispositions éparses dans les lois de 1793, 1806, 1817 et dans le code pénal de 1810, tout le monde en est convaincu.

« Il nous semble que, pour interpréter sainement les termes inexacts et obscurs de la loi de 1793, il faut tenir compte du but que le législateur s'est proposé à cette époque et des terribles circonstances au milieu desquelles la loi fut adoptée.

« On était au plus fort des crises d'une révolution qui avait tout emporté : institutions, lois, dynastie, les maîtrises, les corporations avaient disparu, avec leurs faveurs et leurs priviléges.

« Il ne restait plus rien des anciens privilèges qui sous l'ancien régime protégaient la propriété intellectuelle ou les arts.

« Après avoir tout détruit, il fallut réédifier. Déjà l'assemblée nationale avait consacré comme un droit naturel la propriété des découvertes industrielles.

« La convention entra dans la même voie, en prescrivant des mesures en faveur des écrivains et des artistes. Ce fut l'objet des lois du 17-24 juillet 1793 et du décret interprétatif du 25 prairial an III.

« Quand on lit attentivement cette loi et le rapport qui l'a précédée, il est impossible de contester le caractère général et absolu de ses dispositions en matière de littérature ou d'art, sans méconnaître la pensée généreuse qui animait le législateur à cette époque, malgré les préoccupations du moment.

« Sans doute, la loi de 1793 ne peut être citée comme un modèle de rédaction ; elle est loin d'être parfaite ; elles contient des lacunes devenues plus évidentes que jamais par les progrès des arts et l'essor prodigieux de l'industrie. La loi de 1793 a été, pour ainsi dire, improvisée au milieu des plus terribles événements que l'histoire ait eu à enregistrer. Est-il étonnant qu'en 1860 ses dispositions paraissent insuffisantes et surannées?

« Il n'est pas difficile d'ailleurs de saisir la pensée du législateur dans les dispositions trop laconiques de son œuvre. »

On le voit, par l'avis si bien exprimé de l'éminent magistrat, par l'opinion partagée, dans cette circonstance, par la cour suprême, c'est toujours l'interprétation la plus large qui doit être admise, et l'on ne pourrait contester que, pour fixer le sens de ces décrets, il faut s'inspirer des idées généreuses qui animaient la convention nationale.

Toute cette législation garantit la propriété des ouvrages des auteurs vivants et concède à leurs héritiers les mêmes droits, pendant un certain nombre d'années, après la mort des auteurs.

Il est évident, il est manifeste, que cette législation s'applique à la représentation des ouvrages dramatiques et à l'exécution des œuvres musicales. Ces lois constituent un ensemble de dispositions se complétant l'une par l'autre, en accentuant, à chaque étape nouvelle, les droits des auteurs sur leurs œuvres dans le domaine intellectuel.

Cependant des doutes ayant été élevés au point de

vue des droits des compositeurs sur les œuvres
musicales et sur la représentation ou exécution dans
des réunions organisées par des cercles, devant un auditoire composé des sociétaires, d'invités et d'auditeurs
payants, nous allons spécialement développer ces
différents points.

CHAPITRE III

DES SPECTACLES

Le premier décret parle des spectacles.

Qu'entend-t-on par spectacle (1)?

Il faut entendre cette expression dans le sens large qu'elle exprime. Elle doit s'appliquer à toute réunion où l'on va pour voir et pour entendre.

C'est le sens naturel et usuel.

Il ne faut pas prendre ce mot dans l'acception restrictive du théâtre moderne, avec ses installations spé-

____

(1) N° 800. *Ce qu'il faut entendre par spectacles.*

Bien que l'article 428 du code pénal parle de *spectacles*, nul doute que ce mot ne doive être interprété dans son sens le plus large. Spectacle ici veut dire exécution publique de l'œuvre, c'est-à-dire publication orale, si l'on peut s'exprimer ainsi, par opposition à la publication par la voie de l'impression. Au lieu que ce soient des caractères d'imprimerie qui expriment par les yeux la pensée de l'auteur, c'est la voix des artistes, c'est le son des instruments qui la porte aux oreilles des spectateurs. C'est toujours le droit exclusif de reproduction de l'œuvre qui est réservé à l'auteur, sous quelque forme qu'il se produise.

Pouillet. *Traité de la propriété littéraire ou artistique.*

N° 278. L'expression générique de *spectacle*, employée par l'art. 428 du code pénal, s'applique à tous les lieux où le public est admis pour le plaisir de voir ou d'entendre. Elle désigne non-seulement les théâtres, mais aussi les concerts, les panoramas, les cabinets de curiosités et de figures, les joûtes, etc. Il faut donner une portée égale au mot *théâtre*, inséré dans l'art. 4 de l'arrêté belge du 21 octobre 1830.

De la propriété littéraire. *Victor Cappellemans.*

ciales appropriées aux goûts du jour et aux exigences scéniques.

Il y a certes une analogie entre le spectacle et le théâtre.

Le théâtre est évidemment un spectacle, mais assurément tous les spectacles n'ont pas lieu dans des théâtres.

Le théâtre est un spectacle réflèchi, raffiné, intellectuel, mais à côté de cette conception d'organisation toute moderne, il y a des spectacles intelligents parlant aux sens, à l'imagination, et les lieux où l'on fait de la musique doivent entrer dans cette catégorie.

CHAPITRE IV

Il faut, en cette matière, s'inspirer des principes généraux qui régissent toutes les œuvres susceptibles de
représentation ou d'exécution (1).

(1) « S'emparer de l'œuvre d'autrui, vouloir s'en attribuer le mérite, usur-
per ce qui était alors le véritable, le seul bénéfice de l'auteur, c'est-à-dire
l'honneur, la renommée, tout cela, dès l'époque la plus reculée, fut considéré comme une mauvaise et déshonorante action. N'est-ce pas la preuve
évidente que l'œuvre de l'auteur était déjà regardée comme étant sa chose,
son bien, sa propriété ? Il n'est même pas inutile de remarquer que la loi
romaine prévoyait le vol du manuscrit, considéré, il est vrai, dans sa maté-
rialité ; mais l'importance de cette déclaration, au point de vue de l'œuvre
même, dont le manuscrit était et restait à cette époque l'unique expression,
n'échappe à personne. . . . .

« La révolution française régla la propriété des œuvres du domaine de
l'intelligence . . . .

« Depuis cette époque, le droit des auteurs, sous quelque forme et sur
quelque matière qu'il s'exerce, est entré davantage encore dans nos mœurs.
Quel que soit le nom qu'on lui donne, car on lui marchande, à présent, son
nom de *propriété*, — on est d'accord pour reconnaître qu'il faut le consacrer
et le protéger.

« On peut citer un arrêt du conseil du 9 décembre 1780. C'est à Beaumarchais, à son infatigable persévérance qu'est dû cet arrêt. Dans l'un de
ses nombreux mémoires contre les comédiens, il s'exprime ainsi :

« On dit aux foyers des théâtres qu'il n'est pas noble aux auteurs de
» plaider pour le vil intérêt, eux qui se piquent de prétendre à la gloire ; on
» a raison, la gloire est attrayante ; mais on oublie que, pour en jouir seule-
» ment une année, la nature nous condamne à dîner 365 fois ; et si le
» guerrier, le magistrat ne rougissent pas de recueillir le noble salaire dû

Telle est bien l'application de l'article premier du décret du 13 janvier 1791, qui parle des « pièces de tout

» à leurs services, pourquoi l'amant des Muses, incessamment obligé de » compter avec le boulanger, négligerait-il de compter avec les comé- » diens. »

DES PERSONNES QUE LA LOI CONSIDÈRE COMME AUTEURS.

N° 120. *Le droit dérive de la qualité d'auteur.*

Le droit de propriété littéraire ou artistique dérive, en principe, de la qualité d'auteur ; c'est, en effet, au créateur de l'objet nouveau, livre ou dessin, que cet objet doit nécessairement appartenir. Comment appartien- drait-il à un autre ? Il crée et il reste maître de sa création. Rien de plus légitime. L'étendue de ce droit est seulement réglée par la loi. Nous le verrons ailleurs.

P. 160. — N° 173. — *Est-il attaché à la personne et, par suite insaisis- sable ?* — Un point sur lequel tout le monde est d'accord, c'est qu'une œuvre littéraire n'entre dans le commerce que par la publication.

P. 161. — N° 174. — Quid *s'il s'agit d'une œuvre musicale ?* — L'œuvre musicale doit être de tous points assimilée à l'œuvre littéraire, et, par suite, la règle précédente s'y applique exactement.

Traité de la propriété littéraire (E. Pouillet).

N° 326.—Y a-t-il une propriété littéraire et constitue-t-elle un droit natu- rel ? Chose singulière ! pendant des siècles, ces questions ne furent pas agitées. On lit dans un rapport fait par l'avocat-général Séguier au parle- ment de Paris : « Jusqu'au dix-septième siècle, nous ne trouvons aucune ordonnance, aucun arrêt, en un mot, aucun acte dans lequel la propriété des auteurs ait été reconnue ou contestée ; il paraît qu'elle n'avait pas été mise.en question. Dès que les auteurs réclamèrent leur droit de propriété, les tribu- naux le reconnurent, et ils le consacrèrent tel que les auteurs le réclamèrent. Cette propriété est incontestable, et elle n'a pas été contestée. Il y en a là un témoignage intéressant. »

Les libraires de Paris, ayant voulu contester aux petites-filles de La Fon- taine, soixante-six ans après la mort de leur aïeul, le droit de réimprimer ses œuvres dont elles se croyaient propriétaires, un arrêt du 14 septem- bre 1761 déclara nulle cette opposition, bien qu'il n'existât aucune disposition législative sur la propriété des auteurs. Voilà bien un droit naturel, existant sans l'action de la loi. C'est, au contraire, depuis que le législateur y est intervenu, que le droit a été mis en doute, ou du moins l'étendue de ce droit.

La première loi date de 1791. Voici en quels termes s'exprime le rap- porteur de la commission chargée de l'examiner : « *La plus sacrée, la plus inattaquable,* et, si je puis parler ainsi, *la plus personnelle* de toutes les propriétés est l'ouvrage, fruit de la pensée d'un individu. » N'est-ce pas dire

genre », et de l'article 3, qui s'occupe des « ouvrages des auteurs vivants ».

Le décret des 19 juillet-6 août 1791, reproduit les mêmes termes. Celui du 19-24 juillet 1793, parle des

que c'est un droit naturel par essence ? On a contesté la propriété du sol ; Rousseau a traité d'usurpateur le premier homme qui osa dire : Cette terre est à moi. Mais Rousseau n'aurait certes pas nié que sa pensée fût à lui ; et si l'auteur la livre au public, pour que tous en jouissent, est-ce à dire que le droit de la reproduire et de la multiplier par l'impression appartienne à tous ? Le rapporteur ne tire pas cette conclusion ; c'est seulement par des motifs de justice qu'il reconnaît que les hommes qui cultivent le domaine de la pensée tirent quelques fruits de leur travail, pendant leur vie, et après leur mort, leurs héritiers. On a dit avec raison que la conclusion était étrange. La plus incontestable de toutes les propriétés, et partant la plus naturelle, est dépouillée d'un caractère essentiel de la propriété, la perpétuité ; dix ans après sa mort, la propriété cesse ! Passons sur ces contradictions. Le droit, au moins, est admis, quoiqu'on le mutile.

Droit civil et international (F. Laurent), tome III, n° 326. (*Bruxelles*, 1880).

N° 40. La propriété littéraire est de droit naturel ; ce principe est confirmé par la loi civile.

L'auteur qui accorde l'autorisation de faire représenter son œuvre ne renonce pas à son droit de propriété.

L'auteur, étant responsable de la représentation de son œuvre, peut retirer quand il veut l'autorisation qu'il a donnée, et l'entrepreneur de spectacles ne peut réclamer l'indemnité pour frais de mise en scène, etc., s'il n'a pas fait de stipulations à cet égard.

Le chiffre proposé pour droit d'auteur et non agréé ne peut être pris pour base de l'indemnité due pour violation de la propriété littéraire. — Justice de paix, Ixelles, 18 février 1853. B. J. 1853. 267 (Hymans c. de Juvisy).

BELTJENS. *Code pénal annoté*, p. 376.

N° 33. La contrefaçon de productions constituant la propriété artistique tombe sous la répression des articles 425 et 427 du code pénal. — Cass., 10 février 1845. *Pas.* 1845, I. 155 (Depauw c. Vanderhegt). — Liége, 15 février 1844. *Pas.* 1844, II. 121. — Bruxelles, 9 août 1845. *Pas.* 1845. II. 301 (Lemayeur). — Bruxelles, 4 et 12 mai 1854. *Pas.* 1854, II, 227. (Point, C. Requilé). — Cass., 5 novembre 1860. *Pas.* 1860. I, 384. B. J. 1861. 577 (Sermon).

Voyez Chauveau et Hélie. *Théorie du code pénal*, n° 3780, en note. — Schuermans. *Code de la presse*, 2ᵉ édit., p. 558.

BELTJENS. *Code pénal annoté*, p. 375.

« auteurs d'écrits en tout genre, des compositeurs de
musique »..., et l'article 425 du code pénal de 1810 dit
encore « toute édition d'écrits, de composition musicale »... D'ailleurs, les décrets de la révolution ont été por-
tés à la suite des protestations et des démarches de ceux
que l'on appelait, à cette époque, les *auteurs dramatiques* et au nombre desquels figuraient plusieurs compositeurs, et notamment Grétry.

Nous avons constaté que Beaumarchais avait pris la
direction de ce mouvement de revendication du droit
des auteurs, mais il est intéressant de remarquer que
d'autres ont aussi rempli, dans cette lutte, un rôle mili-
tant, et nous y voyons notre compatriote Grétry combattre, avec la plus grande énergie, pour le respect de
ses œuvres.

Faber, dans son *Histoire du théâtre français en Belgique*, rapporte que Grétry assista, le 18 août 1776, à
une représentation de *la Fausse magie*, au théâtre de la
Monnaie, à Bruxelles. Mais quelle ne fut pas sa surprise
d'entendre les changements faits à son œuvre ! Il ne
reconnut plus certaines parties. Ce procédé qui blessait
son amour-propre le froissa cruellement, et il en marqua
le plus grand dépit.

Il adressa à Vitzthumb, directeur du théâtre de la
Monnaie, la lettre suivante :

« Bruxelles, le 21 août 1776.

» Monsieur, Nous vous prions d'agréer nos remercî-
» ments pour toutes les honnêtetés dont nous avons été
» comblés par vous pendant notre séjour à Bruxelles.
» Que ne puis-je vous en dire autant de ma musique,
» Monsieur. Mais elle est loin d'être aussi satisfaite de
» vos prétendues corrections que nous le sommes, M. de

» Viltaneuse et moi, de toutes vos honnêtetés. Ne comp-
» tez plus sur mon retour à Bruxelles, Monsieur. Je
» viendrais vous gêner dans vos opérations. Vous
» m'avez banni à jamais du théâtre de Bruxelles. Mais
» l'honnête Monsieur Vitzthumb conservera toujours
» sur mon cœur les droits que l'homme de probité
» obtient si naturellement des amis reconnaissants.

» Grétry. »

On sent combien cette lettre exprime la douleur de ce grand génie qui voit, sous ses yeux, dans son propre pays, ses œuvres estropiées, dénaturées. Non-seulement on usurpe son bien, mais on en fait un usage anti-artistique en transformant et en mutilant la pensée de l'auteur.

Si Grétry avait ainsi à se plaindre d'un semblable procédé, de la part du directeur de la première scène de la Belgique, avec lequel il entretenait des relatations et des rapports personnels, il en était davantage encore de la part des directeurs de la province.

Aussi Grétry prit-il une part très grande et très active au mouvement engagé en France pour obtenir la protection de la loi contre la spoliation dont il était victime et dont il se plaignait avec tant d'amertume.

Nous trouvons encore une lettre de Grétry qui dépeint exactement la situation à la date du 27 janvier 1791, quelques jours avant le premier décret du 13-19 janvier 1791, que la lettre de Grétry fait d'ailleurs déjà pressentir .

Voici cette lettre :

« *A messieurs les directeurs des théâtres de province,*

» On joue, depuis quelques mois *les Méprises par* » *ressemblance* et *Barbe-Bleue,* sur les théâtres de pro-

» vince. Je prie MM. les directeurs de corriger, sur la
» partition gravée, la partition manuscrite qui leur a été
» donnée par des mains infidèles. C'est le seul dédom-
» magement que je leur demande pour avoir joué *mes*
» *pièces sans mon aveu*. L'espoir qu'il existera bientôt
» des lois qui feront respecter la propriété des artistes
» me fait supporter avec patience cette dernière in-
» justice.

» Grétry. »

On voit par ces intéressants documents que la cam-
pagne de Beaumarchais, Grétry et tant d'autres noms
illustres, avait en vue la défense des intérêts communs,
et l'on admettra, sans doute, que Grétry stipulait bien
aussi pour les musiciens et les compositeurs.

Dès lors il est manifeste que ces derniers avaient en
vue leurs droits et leurs intérêts (voir page 84, note 1 *in
fine*) et le constituant de 1791, en les confondant sous
la dénomination de « auteurs dramatiques », n'a pas
entendu les exclure des lois portées pour la défense de
la propriété intellectuelle (voir page 104, Pouillet n° 748).

Nous pensons donc qu'il est impossible de soutenir
que les ouvrages dramatiques proprement dits, c'est-à-
dire dans le sens le plus restreint du mot, seraient seuls
protégés par la loi, et que les œuvres musicales, vivant
aussi d'une double existence par l'édition et par la représentation, seraient systématiquement écartées de la protection légale.

La vérité historique et le bon sens protestent contre une
semblable interprétation. Tous les auteurs sont d'accord
avec la jurisprudence pour dire que l'ensemble de la
législation s'applique à toutes les productions littéraires

ou musicales enfantées par le génie des auteurs et des compositeurs (1).

La musique est un art qui s'adresse aux sens, à l'imagination, à l'esprit, comme la mimique et la déclamation. Tantôt c'est l'oreille, tantôt ce sont les yeux que l'artiste émeut, et l'impression physique, quelle qu'elle soit, se traduit également en émotions intellectuelles. Le chanteur, l'instrumentiste, transmettent à l'auditeur la pensée du compositeur, comme l'acteur transmet celle de l'auteur.

Dans l'un comme dans l'autre cas, il s'agit d'un spectacle, et celui qui l'organise devient incontestablement un « entrepreneur de spectacle », dans le sens de la loi de 1791 et de l'article 428 du code pénal.

Le législateur a voulu réglementer le théâtre, c'est-à-dire ce puissant moyen d'action et d'influence sur les mœurs. Il n'a pas voulu condamner ni exclure la mu-

---

(1) N° 68. Les écrits en tout genre qui exigent un travail intellectuel, quel qu'en soit le mérite ou l'importance au point de vue littéraire, sont protégés par la loi.

Bruxelles, 22 décembre 1859. Bel. Jud. 1860, 151. *Pas.* 1860, II, 151 (Bertrand c. Labellonye).

Ce qui constitue la propriété littéraire.

L'expression propriété littéraire doit s'entendre de toute production émanant de la pensée, définie par ces mots : écrits en tout genre, spécifiés dans l'art. 1er de la loi des 19-24 juillet 1793.

Le droit de propriété littéraire appartient donc à l'auteur de toute œuvre qui constitue un produit spontané et personnel de son intelligence et de son imagination, quels qu'en soient la nature, le mérite ou l'étendue.

POUILLET. *Traité de la propriété littéraire.*

N° 80. La loi des 19-24 juillet 1793 s'applique indifféremment à toutes les productions du génie qui sont du domaine de l'art. Il n'y a pas lieu de distinguer entre les œuvres d'art proprement dites et les objets d'art industriel.

Liége, 2 février 1870. B. J. 1870, p. 806. Pas. 1870, II, 123.

BELTJENS, *Code pénal annoté*, p. 378, 379.

sique, dont la puissance est peut-être plus grande même que celle de la parole.

La propriété des œuvres musicales au point de vue de l'édition, de la publication par l'impression, n'est pas discutée : on la reconnait, on la respecte. La discussion s'élève quand il s'agit du droit de représentation.

Le bon sens indique que l'on a entendu garantir contre toute reproduction illicite la propriété des œuvres de l'intelligence sous la forme musicale comme sous la forme littéraire.

Il nous paraît impossible d'admettre que la loi protège la propriété d'une œuvre au point de vue de la reproduction par la publication et qu'elle permette de la violer à celui de la reproduction par la représentation.

C'est cependant ce qui a été décidé récemment par les tribunaux d'Anvers et de Liége.

Ces jugements portent que l'article 428 du code pénal, ne s'applique qu'aux ouvrages dramatiques, et nullement aux œuvres musicales.

Nous pensons que c'est là une erreur, et nous opposerons aux juges d'Anvers et de Liége la jurisprudence constante des cours et des tribunaux de France, appliquant l'article 428 du code pénal, et l'opinion de Pouillet, Worms, Le Senne, Dalloz, Renouard, tous unanimes pour l'affirmative.

CHAPITRE V

En ce qui concerne le jugement rendu à Anvers, le 23 mai 1882 (1) nous signalerons, en outre, cette circons-

(1) *Tribunal de 1ʳᵉ instance, Anvers, 23 mai 1882.*

« Attendu que les traités avec la Prusse du 28 mars 1863, avec le Portugal du 11 octobre 1866, et avec la Suisse du 25 avril 1867, qui accordent aux nationaux de ces pays, les mêmes avantages qu'aux Belges, pour la représentation des œuvres dramatiques, ont placé les Français sous le même régime, par application de l'article 1ᵉʳ, § 4 du traité du 27 mai 1861 conclu avec la France ; qu'il n'y a donc à résoudre dans le procès actuel que la seule question de savoir si les faits posés par le défendeur tombent sous l'application de l'article 428 du code pénal de 1810 ;

« Attendu que le décret de la convention nationale du 1ᵉʳ septembre 1793 rapporte le décret du 30 août 1790 et dispose par son article 2 que les décrets des 13 janvier et 19 juillet 1791 et 19 juillet 1793 seront applicables dans toutes leurs dispositions aux ouvrages dramatiques ;

« Que ce texte clair et précis accorde aux auteurs dramatiques le droit d'impression réglé par le décret de 1793 et remet en vigueur les décrets de 1791 qui réservaient d'une manière expresse *à eux seuls* le droit de représentation ;

« Qu'on peut d'autant moins en inférer qu'il aurait eu pour résultat, en mêlant les textes des différents décrets cités, de garantir le droit de représentation *à toutes les œuvres littéraires ou musicales quelconques* énumérées dans l'article 1ᵉʳ du décret des 19-24 juillet 1793, que le préambule porte : « La » convention nationale voulant assurer aux *auteurs dramatiques*, la propriété » de leurs ouvrages, leur garantir le moyen d'en disposer avec une égale

tance que le tribunal applique la convention littéraire franco-belge de 1861. Il devait en être ainsi puisqu'il s'agissait de faits qui s'étaient produits sous le régime de cet acte diplomatique.

Si l'on avait pu appliquer la convention de 1882

» liberté, par la voie de l'impression et par celle de la représentation.....
» décrète. »

« Que ces lignes font connaître d'une manière précise quel est l'esprit de ces différentes dispositions du code pénal, et que les termes mêmes de l'article 428 prouvent à toute évidence, que le droit de représentation n'est réservé qu'*aux seules pièces destinées à être exécutées sur la scène par des artistes lyriques* ou par des comédiens ; que l'on ne pourrait même lui donner une interprétation plus large sans détourner de leur signification usuelle et même de leur sens grammatical les mots : directeurs de théâtre, représenter, théâtre, ouvrage dramatique, qui se trouvent dans le texte.

« Attendu que la loi du 25 janvier 1817, qui a modifié en partie l'article 425 du code pénal, le décret du gouvernement provisoire du 21 octobre 1830, et les traités conclus avec la France le 22 août 1852 et le 1ᵉʳ mai 1861 n'ont en rien modifié la théorie consacrée par les textes antérieurs ; que cela résulte notamment à toute évidence *de l'article 4 de ce dernier traité qui détermine le montant du droit de représentation à percevoir par les auteurs d'après le nombre des actes*, en excluant ainsi d'une manière virtuelle, la perception de ce droit pour l'exécution des compositions musicales ou pour la récitation des poésies qui ne sont pas des pièces de théâtre ; et que l'on ne peut admettre, comme le soutient le demandeur, que l'article 4 de ce traité aurait garanti le droit de représentation indistinctement à tous les auteurs d'œuvres musicales ou littéraires, même non destinées au théâtre, en disposant que les principes de réciprocité et la clause de jouir de tout privilége accordé à un autre pays seraient applicables à l'exécution des œuvres dramatiques publiées ou représentées pour la première fois dans l'un des deux pays, après le 12 mai 1854 ;

« Attendu enfin, que les dispositions en matière pénale sont de stricte interprétation, et que dès lors les considérations sur le caractère philosophique de la propriété littéraire et le devoir qu'auraient les gouvernements de garantir d'une manière pleine et complète, la propriété des compositions musicales ou littéraires, quels qu'en soient le genre, le mérite ou l'étendue, ne peuvent avoir aucune influence sur l'application à faire par les tribunaux, des textes de la loi positive, qui définissent la nature juridique et déterminent l'étendue des droits réservés aux auteurs sur les différentes productions de l'esprit ; qu'il s'ensuit que l'article 428 du code pénal de 1810 n'est pas applicable aux faits de l'espèce. »

au lieu de celle de 1861, la décision aurait été toute différente (1).

Quant au jugement du tribunal de Liége, en date du 4 janvier 1883, il se base sur le dernier traité littéraire franco-belge du 31 octobre 1881-13 mai 1882 (2).

(1) N° 24. Le traité franco-belge du 1er mai 1861, conclu pour la garantie réciproque de la propriété littéraire et artistique, ne concerne que les pièces de théâtres ; il n'est pas applicable aux romances, chansonnettes et autres compositions musicales.

En conséquence, les auteurs et compositeurs de productions de ce genre rentrent dans le droit commun, et les directeurs de théâtre peuvent faire exécuter ces compositions sans le consentement des auteurs et sans devoir leur payer une redevance.

Il n'appartient pas au pouvoir judiciaire de suppléer, par voie d'analogie d'une espèce prévue à une espèce qui ne l'est pas, aux lacunes existant dans la loi.

Trib. corr. Bruxelles, 17 juin 1873. *Pas.* 1873, III, 207, (Isch Wall c, Heyligen). Bruxelles, 18 décembre 1873. B. J. 1874. 1049. *Pas.* 1874, II 56, (Isch Wall c. Heyligen).

Voilà ce qui existait sous l'ancienne convention, mais l'auteur ajoute :

Les conventions internationales ne sont que temporaires. LA NOUVELLE CONVENTION LITTÉRAIRE AVEC LA FRANCE ENLÈVE TOUTE AUTORITÉ A CETTE DÉCISION. *Voyez l'article 1er de la loi du 13 mai 1882, qui donne la définition des compositions musicales.*

BELTJENS, Code pénal annoté, p. 374.

(2) *Tribunal de Liége, 4 janvier 1883.*

« Attendu qu'en admettant que le fait de Trillet rentre sous l'application des termes de l'article 428, il faudrait de plus établir, qu'il a été posé au *mépris des lois et règlements relatifs à la propriété des auteurs ;* que, sous ce rapport, l'action manque encore de base puisqu'aucune loi ou règlement n'imposait à Trillet l'obligation de s'assurer du consentement de l'auteur pour l'exécution d'œuvres musicales du genre de celle dont il s'agit.

« Attendu, en effet, que, sous la condition de réciprocité, la convention du 31 octobre 1881, entre la Belgique et la France, approuvée par la loi du 13 mai 1882, assure en Belgique, aux compositeurs français, la propriété de leurs œuvres musicales ; que cette propriété leur est garantie comme si leurs œuvres avaient été produites pour la première fois dans notre pays même ; que l'article 4 de cette convention porte ce qui suit : « Les stipula-
» tions de l'article premier s'appliqueront également à la *représentation* ou

Il admet que, si l'article 428 du code pénal de 1810 doit s'appliquer aux œuvres musicales, il faut qu'elles aient une certaine importance ou une valeur artistique.

Voilà un système bien dangereux qui ouvre la porte aux appréciations sur la nature d'une œuvre, son mérite artistique, etc.

Puis le même jugement constate que, si l'on doit appliquer la nouvelle convention franco-belge qui a supprimé le tarif par « acte », il faut néanmoins s'inspirer de l'esprit de la convention antérieure qui portait cette restriction.

» *exécution des œuvres dramatiques* ou *musicales,* publiées ou représentées
» pour la première fois dans l'un des deux pays après le 12 mai 1854.
» Le droit des auteurs sera perçu d'après les bases qui seront arrêtées entre
» les parties intéressées. »

« Attendu que l'article 4 de la convention du premier mai mil huit cent soixante-un, entre les mêmes pays, approuvée par la loi du 27 mai 1861, contenait la même disposition et portait en outre qu'à défaut d'accord entre les parties, le droit d'auteur serait réglé par un tarif dont le taux variait d'après la population des villes où se ferait la représentation ou l'exécution et aussi à raison du nombre d'actes que comporterait la pièce représentée ; que si ce tarif qui donne l'interprétation de la disposition n'a pas été reproduit dans l'article 4 de la convention de 1880 deux, ce n'est pas que cette interprétation doive être considérée comme la convention de 1800 soixante-un assurant de plein droit aux parties contractantes tout privilége accordé par l'une d'elles à un autre pays et le tarif de 1800 soixante-un n'ayant été adopté ni dans la convention du 11 octobre 1866, entre la Belgique et le Portugal, ni dans celle du 25 avril 1867 avec la Suisse, la convention de 1882 n'a fait, en définitive, que consacrer un état de fait reconnu précédemment d'ailleurs par la jurisprudence. (V. Bruxelles, 17 mai 1880. P. 1880. 2-204.)

« Attendu qu'il résulte de ce rapprochement que le consentement de l'auteur ne doit être préalablement obtenu que pour la représentation ou l'exécution d'une œuvre dramatique ou musicale destinée au théâtre, ou, tout au moins, d'une œuvre qui, par sa nature, son importance et sa valeur artistique, puisse lui être assimilée ; qu'on ne saurait étendre l'application de l'article 4 et partant de l'article 428 du code pénal à un quadrille orchestré sur des motifs d'opéra ni à tous autres arrangements analogues ; que pour ces sortes de compositions musicales, le droit de copie peut seul être revendiqué par l'auteur de l'œuvre originale, ou celui qui le représente.

La thèse consacrée par les jugements que nous examinons, fait, à notre avis, une fausse application des principes déposés dans les articles 425 à 429 du code pénal de 1810.

Nous pensons que les contestations déférées à ces tribunaux ont d'ailleurs été mal présentées et devaient amener une solution équivoque.

Pour les compositeurs français, il y avait à invoquer, dans les cas de l'espèce, non pas l'article 428 exclusivement, mais encore la législation belge tout entière, le décret du 21 octobre 1830, sainement interprété, et aussi la convention littéraire franco-belge du 13 mai 1882, appliquée dans son véritable esprit, complétée par le traité hispano-belge, et qui prévoit explicitement les exécutions musicales.

Nous ne discuterons pas en détail les jugements dont il s'agit, mais nous saisissons cette occasion pour exposer les principes d'une manière complète.

A cet égard, nous appelons particulièrement l'attention sur le jugement rendu par le tribunal de simple police de Gand le 2 février 1871. (Voir page 120).

Il est impossible de prétendre que les ouvrages musicaux ne tombent pas sous l'application de l'article 428 du code pénal au point de vue de l'exécution publique. Si cela pouvait être admis, un grand préjudice en résulterait pour nos compositeurs nationaux, infiniment plus nombreux que nos auteurs dramatiques.

Nos compositeurs nationaux seraient même seuls atteints par l'interprétation que nous critiquons, attendu que les étrangers pourraient toujours se prévaloir des conventions littéraires faites avec leurs pays respectifs.

C'est donc en nous plaçant au point de vue spécial

des compositeurs belges que nous examinerons cette question.

Désormais, par les traités internationaux, elle est tranchée favorablement au profit des étrangers. Elle reste litigieuse en Belgique pour les Belges. Notre examen de la jurisprudence antérieure à la convention franco-belge de 1882 conserve, dès lors, un caractère d'entière opportunité, au point de vue de nos compatriotes, dans notre pays même. Situation disparate, assurément, mais d'autant plus digne d'attention !

La dénomination d'*ouvrages dramatiques*, dans l'article 428, n'est pas restrictive. Elle n'est qu'énonciative. De nombreux arrêts, que nous tenons à reproduire en note, décident que l'article 428 s'applique à l'*exécution des œuvres musicales* comme à la *représentation des ouvrages dramatiques*.

Soutenir le contraire serait une contradiction étrange qui n'est nullement dans l'esprit des législateurs qui ont organisé la sanction pénale pour la contrefaçon et pour les représentations illicites d'œuvres littéraires ou artistiques.

Œuvres ou ouvrages dramatiques. — Cela s'entend de toute œuvre, de tout ouvrage auxquels on donne la forme ou l'intérêt dramatique, et de toute représentation scénique qui exprime une action par les gestes, la danse, sans le secours des paroles, comme les pantomimes ou les ballets. Les œuvres musicales, proprement dites, empruntent aussi par leur composition, leur structure, un intérêt, une action dramatiques.

Qu'est-ce que l'art dramatique ?

C'est l'art de composer des ouvrages pour le théâtre.

On ne dit pas des œuvres théâtrales, on dit des œuvres dramatiques.

Cette expression comprend tout ce qui a trait au théâtre, et l'on désigne ainsi, sous le titre « ouvrages dramatiques », toutes les productions du génie destinées au théâtre, quelle qu'en soit la forme.

Tel est le sens véritable des termes que nous trouvons dans les articles 428 du code pénal de 1810 et dans le décret du 21 octobre 1830.

Les arts et les lettres sont des émanations du génie. Ils ne diffèrent entre eux que par la forme dont ils revêtent la pensée. Ce sont les interprètes de l'imagination, et à ce point de vue les œuvres dramatiques et musicales ont, au même degré, cette double existence de la publication et de la représentation.

Pour bien apprécier le sens de cet article 428, il convient d'envisager l'ensemble du chapitre du code pénal de 1810 qui s'occupe de la contrefaçon.

L'article 425 porte : « Toute édition d'écrits, de *composition musicale*, de dessin, de peinture ou de toute autre production, imprimée ou gravée, en entier ou en partie, au mépris des lois et règlements relatifs à la propriété des auteurs, est une contrefaçon, et toute contrefaçon est un délit. »

L'énumération des moyens de reproduction de cet article est purement démonstrative.

Cependant les compositions musicales sont indiquées.

La contrefaçon des compositions musicales est donc bien prévue. Le délit de l'article 425 implique le préjudice causé par la reproduction illicite de l'ouvrage et la lésion des droits de propriété.

La contrefaçon, au point de vue de la publication, est ainsi prévue par l'article 425, et la contrefaçon résultant d'une représentation illicite est ensuite prévue par l'article 428 (1).

D'ailleurs, le sens de ces deux articles doit être le même, car tous deux parlent de l'édition ou de la représentation *au mépris des lois et règlements relatifs à la propriété des auteurs.*

Ces deux articles 425 et 428 se combinent, se complètent donc au point de vue de leur application aux œuvres dramatiques et aux compositions musicales et l'on ne pourrait soutenir que, ayant pour objet de réprimer la contrefaçon, ils puissent exclure de toute sanction pénale certaines catégories d'ouvrages dont la contrefaçon serait ainsi couverte par l'impunité.

Ce serait diamétralement contraire aux intentions des auteurs du code pénal.

Dans le sens restreint, une « œuvre dramatique » doit comporter un texte. Il suffirait donc de quelques paroles, placées sous les portées d'une œuvre musicale, pour lui assurer la protection de l'article 428.

Un ballet, un concerto, un oratorio, un drame lyrique, etc., qui sont, en réalité, des œuvres dramatiques, vivant par la publication et la représentation, une ouverture, un fragment d'opéra, etc., échapperaient-ils à l'application de l'article 428?

Cela ne saurait être admis.

L'opinion exprimée par les auteurs du code pénal détermine bien aussi qu'il faut interpréter les articles 425 et 428 dans le sens le plus large, car ils sont « une

(1) Chauveau et Faustin Hélie, *Théorie du code pénal.* n° 3778.

nouvelle preuve des vues nobles et désintéressées qui ont présidé à la rédaction de la loi » (1).

(1) *Exposé des motifs du chapitre II du titre II du livre III du code pénal, fait par Faure, conseiller d'Etat et orateur du gouvernement, dans la séance du corps législatif du 9 février 1810.*

Préjudice porté aux manufactures, au commerce et aux arts.

... Je passe au délit de contrefaçon. Il est évident que ce délit offre un attentat à la propriété. On peut contrefaire des ouvrages gravés ou peints comme des ouvrages imprimés. Les règles d'après lesquelles la propriété d'un auteur est légalement reconnue, celles qui déterminent l'étendue et les bornes de cette propriété, ne sont point l'objet du code pénal. Il ne s'agit que des peines qui doivent être subies par les contrefacteurs. Ces peines sont une amende et la confiscation de la chose contrefaite. Nous avons déjà dit, dans une autre occasion, que la confiscation et l'amende ne tournent jamais au profit de l'Etat qu'après que la partie lésée a été entièrement indemnisée.

Il est à considérer que le délit de contrefaçon exige une surveillance d'autant plus sévère que son effet ne se borne pas à porter préjudice au propriétaire légitime. L'impunité d'un tel délit nuirait tout à la fois aux arts et au commerce, par le découragement qu'il apporterait parmi les auteurs et les éditeurs, puisqu'il n'en est aucun qui ne dût craindre pour lui le même sort. Disons plus, cette fraude rejaillirait sur l'État lui-même, qui tire son plus grand lustre de la prospérité des arts et du commerce.

Rapport fait au corps législatif, dans la séance du 10 février 1810, par Louvet (de la Somme), en présentant le vœu d'adoption émis par la commission législative sur le chapitre II du titre II du livre III du code pénal.

... Je viens maintenant à des dispositions dont le but est d'assurer des propriétés d'un ordre différent, des propriétés d'autant plus chères à l'homme qu'elles lui appartiennent plus immédiatement et sont en quelque sorte une partie de lui-même.

Je veux parler de ces productions des arts, de ces fruits de l'esprit, de l'imagination et du génie, qui servent à l'utilité, à l'instruction, au charme, à l'ornement et à la gloire d'une nation.

Le projet commence par déclarer que toute édition d'écrits, de composition musicale, de dessin, de peinture, et de toute autre production imprimée ou gravée, en entier ou en partie, au mépris des lois et réglements relatifs à la propriété des auteurs, est une contrefaçon, et que toute contrefaçon est un délit.

Il déclare ensuite délit de la même espèce, le débit ou même l'introduction d'ouvrages contrefaits, et il prononce des peines analogues à ce genre de délit.

Il en prononce aussi contre les représentations des pièces de théâtre données en fraude des mêmes réglements.

Et il finit, sur ce point, par une disposition où vous remarquerez une

Les auteurs sont aussi d'accord sur ce point. (1)
Nous citons l'opinion des juristes de Belgique et de

nouvelle preuve des vues nobles et désintéressées qui ont présidé à la rédaction de la loi. Il abandonne aux auteurs le produit des confiscations pour les indemniser d'autant du préjudice qu'ils auront souffert.

Espérons que les larcins ou plutôt les brigandages exercés trop souvent sur ces précieuses propriétés ne se renouvelleront plus. Contribuons du moins à faire en sorte qu'ils se reproduisent rarement, et contribuons-y avec d'autant plus d'empressement que ces fraudes, indépendamment du dommage particulier qui en résulte, n'ont ordinairement lieu qu'au détriment de l'ouvrage même, au détriment du goût et de l'instruction nationale.

(1) « Nº 17. Un arrêté du gouvernement provisoire du 21 octobre 1830 règle
» les droits des *représentations théâtrales* en Belgique. L'article 428 du
» code pénal de 1810 contient la sanction ; il est toujours en vigueur en
» Belgique.
Beltjens, *Code pénal annoté*, p. 374.

» Nº 21. Les mots *compositions dramatiques* doivent s'entendre de toute
» action tragique ou comique représentée sur la scène.
» Un ballet-pantomime est une composition dramatique.
» Le droit de propriété intellectuelle est garanti, quel que soit le degré de
» mérite ou d'importance de l'œuvre nouvelle. »

« Nº 14. Le délit de l'article 425 du code pénal se compose du préjudice
» causé par la reproduction de l'ouvrage et de la lésion des droits de pro-
» priété. » (Théorie du code pénal, nᵒˢ 3763 et 3764.)

« Nº 15. L'article 46 punit le débit des ouvrages contrefaits.
» L'article 428 s'applique au droit de représentation.

» Nº 16. L'auteur d'un ouvrage dramatique réunit deux droits, celui
» de publication et celui de représentation. Lorsque son ouvrage est publié
» par la voie de l'impression, il est protégé contre la contrefaçon par l'article
» 425 ; l'objet spécial de l'article 428 est de le protéger contre les représenta-
» tions illicites. » (Théorie du code pénal, nᵒ 3778.)
Beltjens. *Ouvrage cité*. p. 374.

Nº 265. La propriété musicale a, comme la propriété d'un ouvrage dramatique, deux modes d'exercice : l'impression et la représentation ou l'exécution.

Nº 277. En Belgique et en France, l'auteur d'une œuvre musicale a, pour
autoriser ou défendre sa représentation, le même droit que l'auteur d'un
ouvrage dramatique.

Nº 213. Sous la dénomination d'*ouvrages*, il faut entendre les compositions musicales et les *libretti* de ballets, aussi bien que les comédies, tragé-

France interprétant les lois communes aux deux pays.
Nous sommes heureux d'avoir trouvé dans les auteurs

dies, drames, mélodrames, vaudevilles, et même les proverbes, cantates, couplets non destinés au théâtre, mais susceptibles d'y être représentés. M. Burat de Gurgy, auteur du *libretto du Diable boiteux*, obtint, par jugement du tribunal de commerce de la Seine, ses entrées comme auteur à l'Opéra. (V. Droit, 19 octobre 1836.)

N° 214. Il faut comprendre également sous la dénomination d'*ouvrages* les improvisations dramatiques.

N° 221. L'auteur qui publie son œuvre ne perd pas pour cela son droit exclusif de représentation. La loi des 19 juillet-6 août 1791 dit formellement : « Les ouvrages des auteurs vivants, *qu'ils soient ou non gravés* ou imprimés, ne pourront être représentés sans le consentement, etc. »

L'arrêté du 21 octobre 1830 n'est pas moins formel en Belgique.

De la propriété littéraire. *Victor Cappellemans.*

« On doit entendre par représentation, dit M. Calmels, toute reproduction » d'un ouvrage en public à l'aide de la parole et du geste. »

Lorsque l'œuvre musicale constitue une œuvre dramatique, cela va de soi ; c'est l'application exacte de la loi. On n'a pas fait non plus grande difficulté pour assimiler les concerts à un spectacle ; et, en vérité, on ne le pouvait pas ; les deux choses se touchent de si près ! Mais on a hésité quelque temps à admettre la même assimilation d'abord pour les cafés-concerts, puis pour les bals publics. On a soutenu (bien à tort pour les premiers, on en conviendra) qu'il n'y avait point là de représentation théâtrale, que le public ne payait pas pour l'audition de la musique, qui n'était qu'un accessoire. Les auteurs ont fini par triompher de cette résistance, et aujourd'hui il est de jurisprudence constante que toute exécution publique d'une œuvre musicale quelconque, fût-ce par des chanteurs ambulants, entre dans les termes généraux de la loi et constitue, lorsqu'elle a lieu sans l'assentiment de l'auteur, une représentation illicite.

Jurisprudence.

N° 801. Il a été jugé : 1° qu'on doit entendre par représentation tout moyen par lequel on reproduit un ouvrage devant le public, et cette expression de la loi s'applique aussi bien aux compositions musicales qu'on fait entendre, qu'à des ouvrages dramatiques qu'on reproduit soit en les récitant, soit à l'aide du spectacle (Trib. corr. Seine, 15 févr. 1822, aff. Doche, Gastambide, p. 266) ; 2° qu'un concert ouvert aux mêmes heures que les théâtres, ayant ses affiches, ses bureaux, ses employés, et où le public est admis en payant, est une entreprise placée sous la dénomination générique de *spectacle public* (Paris, 26 août 1837, aff. de Puitneuf, Renouard, t. 2, p. 72) ; 3° que la prohibition de l'article 428 du code pénal s'applique à toute représentation théâtrale, à toute exécution totale ou partielle, devant un public

les plus autorisés la justification de la thèse que nous soutenons.

payant, de compositions musicales quelconques (Rennes, 26 déc. 1867, aff. Foucqueron, Pataille, 69, 404) ; 4° que les mots *entrepreneurs de spectacles* dont se sert l'article 428 ne doivent pas être limités aux industriels qui font de l'exploitation d'une entreprise théâtrale leur profession spéciale, mais qu'ils s'appliquent également à tous ceux qui, accidentellement ou d'une manière toujours plus ou moins permanente, entreprennent de faire jouir le public de la vue ou de l'audition d'œuvres dramatiques ou musicales ; spécialement, le fait par un cafetier d'autoriser des musiciens ambulants à donner dans son établissement un concert annoncé à l'avance et dont, par suite, il connaît le programme, tombe sous l'application de l'article 428 (Cass., 22 janvier 1869, aff. Champagne, Pataille 69, 408).

802. *Jurisprudence* (suite). — Il a encore été jugé : 1° que l'exécution dans un café, sans autorisation des auteurs, de morceaux de musique et de chant constitue le délit de représentation illicite (Lyon, 9 mai 1865, aff. Joly, Pataille, 66, 102) ; — 2° qu'on ne saurait dénier à un bal le caractère de représentation proprement dite sous le prétexte qu'on y est convié, non pour entendre de la musique, mais seulement pour danser ou jouir du spectacle de la danse ; une pareille objection n'a rien de sérieux, puisque, la musique formant un élément nécessaire de tout bal, il s'ensuit que la représentation d'une fête dansante comprend tout aussi bien l'élément musical que celui de la danse (trib. civ. Nancy, 3 juin 1869, aff. Buquet, Pataille, 69, 413) ; — 3° que les termes de l'art. 428 du code pénal sont simplement énonciatifs ; ces mots *entrepreneurs de spectacles* s'appliquent à toute personne qui appelle le public à assister à une représentation quelconque, moyennant une rétribution dont elle tire bénéfice ; les expressions *théâtres et ouvrages dramatiques*, doivent être prises dans un sens corrélatif et s'entendre du lieu public où sont représentées, devant des spectateurs, des scènes destinées à satisfaire des goûts littéraires ou artistiques, quelles que soient d'ailleurs la nature et la portée de ces scènes : spécialement, les concerts publics, dans lesquels sont chantés ou exécutés des fragments de pièces lyriques ou toutes autres compositions musicales, avec ou sans paroles, présentent tous les caractères d'un spectacle dans le sens de l'article 428, et le salon d'un établissement thermal doit être considéré comme un lieu public, lorsqu'il est transformé en salle de concert où le public est admis en payant (Riom, 23 févr. 1859, aff. Poncer, Pataille 60, 23) ; — 4° que l'exécution de morceaux de musique dans un concert donné par une société, qui en couvre les frais par des cotisations annuelles et adresse des invitations tant aux étrangers qu'aux membres des familles des sociétaires, doit être considérée comme une représentation publique dans le sens de la loi du 19 janvier 1791 et de l'art. 428 du code pénal (Cass. 11 mai 1860, aff. Société philharmonique du Mans, Pataille,

Nous y puisons une consécration qui écartera, pensons-nous, toute controverse ultérieure.

62, 382) ; — 5° qu'un concert, donné dans un jardin public, en vue d'y
attirer le public et de tirer bénéfice de l'augmentation de recette produite
par la location des chaises aux assistants, constitue une représentation dans
le sens de la loi de 1791 (Paris, 24 nov. 1876, aff. Capmartin, Pataille, 77, 144).

*Traité théorique et pratique de la propriété littéraire et artistique et du
droit de représentation, par E. Pouillet.*

ŒUVRES MUSICALES.

45. — Tout ce que nous avons dit des œuvres littéraires s'applique aux
compositions musicales. Le droit de l'auteur naît de la même façon et comprend les mêmes choses. La musique d'ailleurs est un langage qui, pour
être moins précis que le langage ordinaire, n'en a pas moins sa signification
propre, son éloquence, et qui parle directement à l'esprit ou à l'âme. Elle
se manifeste aux yeux, comme le langage ordinaire, par des signes tracés
sur le papier. La composition musicale n'est donc, en réalité, qu'une forme
de la propriété littéraire.

CONTREFAÇON DES ŒUVRES MUSICALES.

554. — Applications des règles précédentes. Les œuvres musicales doivent
être assimilées aux œuvres littéraires ; elles se présentent sous la même
forme, avec des caractères presque identiques. Ce sont toujours des pensées,
assurément plus vagues que celles que la parole traduit, exprimées dans un
langage moins précis, mais des pensées s'enchaînant, ayant un sens, et se
communiquant à l'oreille par des sons, aux yeux par des signes. Bien plus,
la musique est souvent unie à des paroles, et l'ouvrage qui en résulte tient
alors autant de l'œuvre littéraire que de l'œuvre musicale. Nous n'avons
donc qu'à renvoyer à ce que nous avons dit plus haut. Les règles sont les
mêmes. Ajoutons pourtant que la musique est faite pour être lue ; nous
traitons ici du droit du compositeur au point de vue de la publication ; ce
qui a trait au droit d'exécution, de représentation, sera exposé dans un
chapitre spécial.

747. — *A quelles œuvres s'applique le droit de représentation ?* — La
généralité des termes employés, soit par la loi de 1791, soit par l'article 428
du code pénal, qui n'en est que la sanction, montre que le législateur entend
réserver au profit de l'auteur le droit de représentation, quel que soit le
caractère de l'œuvre, qu'elle soit purement littéraire, purement musicale, ou
qu'elle soit, comme les opéras, le résultat du mariage de la musique avec
la poésie. Rappelons que dans les œuvres littéraires nous comprenons même
les ballets, les pantomimes.

748. — *Quid, s'il ne s'agit pas d'une œuvre écrite pour la scène ?* — Il
importe peu que l'œuvre n'ait pas été, à l'origine, écrite pour la scène, si

Quant à la jurisprudence, elle est constante (1).

Dans ces conditions, nous pensons que c'est à tort que

elle y est ensuite transportée ; par exemple, l'exécution publique d'une œuvre musicale, quelle qu'elle soit, quel qu'en puisse être le caractère, constitue le délit de représentation illicite. *Si la loi s'est servie des mots « ouvrages dramatiques », c'est qu'elle s'est référée au cas le plus ordinaire. C'est un point sur lequel doctrine et jurisprudence sont d'accord.* Comme le dit très justement M. Blanc, le droit de représentation existe dans tous les cas où existerait le droit de reproduction.

POUILLET, *Traité de la propriété littéraire.*

Celui qui a fait la musique d'un opéra peut être aussi bien considéré comme auteur d'ouvrage dramatique que celui qui a fait les paroles.....

Il a été décidé que l'article 3 de la loi du 19 janvier 1791, qui défend la représentation des ouvrages d'auteurs vivants sans leur consentement, s'applique aux compositions musicales comme aux compositions dramatiques.

DALLOZ. *Répertoire général de jurisprudence. V° Propriété littéraire.*

L'article 428 du code pénal punit tout directeur, tout entrepreneur de spectacle, toute association d'artistes qui aura fait représenter sur son théâtre des ouvrages dramatiques au mépris des lois et règlements relatifs à la propriété des auteurs.

Le mot ouvrages comprend les compositions musicales.

RENOUARD. *Traité des droits d'auteur.*

N° 3779. Les compositeurs peuvent-ils s'opposer à ce que leur musique soit jouée dans les concerts ou réunions publiques ?

Deux arrêts de la cour de Paris du 12 juillet 1835 ont décidé qu'on doit assimiler à une *représentation théâtrale* dans le sens de l'article 428 : 1° l'exécution aux *bals de l'Opéra* de quadrilles, valses, etc. composés avec des motifs empruntés à un opéra qui n'est pas dans le domaine public ; 2° l'exécution *dans un cirque* d'une ouverture d'opéra.

Même décision en ce qui concerne les *cafés-chantants* ou *cafés-concerts*, arr. Lyon 7 janvier 1852 ; arr. Cassation 24 juin 1852 ; Trib. Seine, 15 juillet 1850 et 7 juillet 1852 ; C. Cassation 16 décembre 1854 et 19 mai 1859.

CHAUVEAU et FAUSTIN HÉLIE. *Théorie du code pénal.*

(1) TRIBUNAL DE POLICE CORRECTIONNELLE DE PARIS.—*Jugement du 13 juillet 1850.*

« Attendu que l'art. 3 de la loi des 13 et 19 janvier 1791 interdit toute représentation des ouvrages des auteurs vivants sans le consentement formel et par écrit des auteurs ;

« Attendu que la loi des 19 et 21 juillet 1793 a étendu cette prohibition protectrice aux ouvrages des compositeurs de musique.

COUR IMPÉRIALE DE PARIS. — *Arrêt du 6 janvier 1853.*

« Considérant que l'art 428 du code pénal a pour but de réprimer les

l'on a pu prétendre que les œuvres musicales ne tombent pas sous l'application des lois de 1791, 1793 et des articles

contraventions au décret des 13-19 janvier 1791, prohibant en termes généraux la représentation totale ou partielle, sur tout théâtre, des ouvrages des auteurs vivants, sans le consentement de ces derniers ; que, pour la juste application du code pénal, il convient de rapprocher de ces dispositions les termes et l'esprit du décret susdaté ; que, d'après ce rapprochement, on doit entendre par théâtre toute salle destinée à des représentations publiques, périodiques ou accidentelles, et par ouvrages dramatiques, toutes œuvres, littéraires ou musicales, objet d'une exécution publique assimilée à une représentation théâtrale.

TRIBUNAL DE PREMIÈRE INSTANCE DE LYON. — *Jugement du 8 décembre 1852.*
« Considérant que tout ce qui est un produit de l'esprit constitue une propriété particulière, quels qu'en soient la nature, le mérite ou l'étendue ; que, par suite, l'auteur d'une composition légère, telle qu'une romance ou un simple air, indépendamment des paroles, doit jouir de la plénitude de son droit, et est fondé à s'opposer à l'usurpation totale ou partielle de son œuvre, à ce qu'on use de sa musique comme si elle était tombée dans le domaine public ;

« Considérant que ces faits constituent le délit prévu et puni par l'art. 428 du code pénal.

COUR IMPÉRIALE DE PARIS. — *Arrêt du 11 avril 1853.*
« Considérant que la loi, qui reconnaît aux auteurs un droit de propriété, ne mesure pas la protection à la longueur des productions ; que ses dispositions sont générales ; qu'elles ont eu pour objet et pour but de consacrer le droit de l'homme sur sa pensée, et de récompenser les travaux qui honorent l'intelligence ; qu'on ne pourrait dès lors, sans les violer dans leur essence, y apporter des exceptions et subordonner leur effet à des conditions que le législateur n'a point imposées ;

« Considérant que, si la propriété intellectuelle n'a pas le caractère exclusif, absolu, permanent, qui s'attache à la propriété commune, elle n'en comporte pas avec moins d'énergie l'application du principe fondamental en cette matière ; que nul ne peut, sans son consentement exprès ou présumé, être dépouillé de ce qui lui appartient, si minime qu'en soit la valeur ; que ce principe, écrit dans la loi de 1791, mérite d'autant plus de respect que, d'une part, une propriété que le juge pourrait, au gré de son caprice et selon l'appréciation du moment, ou reconnaître, ou nier, cesserait, en réalité, d'être une propriété, et que, d'autre part, la faculté déférée aux tribunaux de prendre pour règle de décision, quand l'auteur d'une composition musicale se plaindrait d'une usurpation de son droit, la dimension de l'œuvre usurpée, conduirait aux plus injustes résultats ; qu'en effet, le mérite des œuvres musicales ne tient pas à leurs proportions ; que, tous les jours, des partitions considérables tombent dans l'oubli, tandis que

425 et 428 du code pénal de 1810. Cette opinion est unanimement condamnée par les juristes les plus émi-

de simples airs, trouvés par le génie, composés par le goût, se perpétuent comme des chefs-d'œuvre ou des souvenirs nationaux dans la mémoire des peuples.

Cour de cassation de France. — *Arrêt du 24 juin 1852.*

« Attendu que les lois combinées des 19 janvier et 6 août 1791, 19 juillet et 1ᵉʳ septembre 1793 ont garanti aux auteurs d'ouvrages dramatiques la propriété de ces ouvrages et le droit d'en disposer pendant leur vie, soit simultanément par la voie de l'impression et celle de la représentation, soit séparément par l'une de ces deux voies ;

. . . .

« Sur le second moyen, tiré de ce que les représentations, reconnues constantes par le juge, n'auraient pas présenté, dans l'espèce, les caractères déterminés par l'article 428 du code pénal, à raison, en premier lieu, de ce que les *morceaux de musique* qu'elles ont eu pour objet n'auraient été accompagnés ni de paroles, ni de jeu scénique ; en second lieu, de ce qu'un café où le public est admis sans rétribution ne saurait être considéré comme un théâtre : . . . .

« Qu'il y a dans cet ensemble de circonstances la réunion des conditions constitutives du délit prévu et puni par l'article 428 précité ;

Arrêt de la cour impériale (chambre correctionnelle). — *12 juillet 1855.*

« Considérant que les lois combinées des 19 janvier et 6 août 1791, 19 juillet et 1ᵉʳ septembre 1793, ont garanti aux auteurs d'ouvrages dramatiques la propriété de leurs œuvres et le droit d'en disposer soit par la voie de l'impression, soit par celle de la représentation ; que l'art. 428 du code pénal a pour objet de réprimer les infractions commises par ce dernier moyen au droit de propriété des auteurs ;

« Considérant qu'il n'est pas nécessaire, pour qu'il y ait, dans le sens de la loi, exécution d'un ouvrage dramatique, que cette exécution soit complète et qu'elle comprenne la totalité de l'œuvre ou même des morceaux entiers de cette œuvre ; qu'en effet, des motifs détachés, des phrases musicales séparées de l'ensemble, n'en sont pas moins une émanation de la pensée originale de l'auteur ; que ces phrases et ces motifs font partie intégrante de la composition ; que leur exécution en public constitue une représentation partielle des ouvrages d'où ils sont tirés, et qu'il ne suffit pas, pour leur enlever ce caractère, d'en altérer le rhythme ou l'étendue afin de les approprier aux nécessités de la cause ;

« Considérant que c'est surtout la pensée de l'acte illicite que l'art. 428 a voulu punir ; que le lucre existe aussi bien si l'on s'empare, contrairement à la volonté des auteurs, d'une partie même relativement peu importante de leur composition, que dans le cas où l'on s'approprie une portion plus com-

nents et par la jurisprudence. Les notes que nous reproduisons ci-dessous en sont la démonstration évidente.

plète, alors surtout que c'est en général la pensée musicale la plus saillante,
celle qui frappe le plus le public, qui fait l'objet de ces emprunts.

Arrêt de la cour de cassation de France. — *22 janvier 1869.*

« Attendu que l'article 1er de la loi de 1793 précitée attribue aux compositeurs de musique le droit exclusif de vendre, faire vendre, distribuer leurs
ouvrages et d'en céder la propriété en tout ou en partie, et que ce droit se
trouve sanctionné par l'article 428, code pénal ;

« Attendu que les mots *entrepreneurs de spectacles* dont se sert l'article
428 ne doivent pas être limités aux industriels qui font de l'exploitation d'une
entreprise théâtrale leur profession spéciale, mais qu'ils s'appliquent
également à tous ceux qui, *acccidentellement ou d'une manière plus ou
moins permanente*, entreprennent de faire jouir le public de la vue ou de
l'audition d'œuvres dramatiques ou musicales.

Arrêt de la cour impériale de Toulouse. — *4 juin 1869.*

« Attendu qu'aux termes de l'article 3 de la loi des 13, 19 janvier 1791 et de
l'article 1er du décret des 19-24 juillet 1793, les œuvres littéraires et artistiques, et spécialement les écrits en tout genre et les compositions de
musique, constituent au profit des auteurs une propriété dont nul ne peut
user par la reproduction, sans son consentement ;

« Attendu que l'article 428 du code pénal sanctionne et garantit cette propriété ;

« Attendu qu'une jurisprudence aujourd'hui constante attribue aux termes
de ces articles un sens général, qui permet d'appliquer la garantie de la loi
pénale à toutes les infractions dont les règles de cette propriété peuvent être
l'objet ; qu'ainsi ceux qui, *accidentellement* ou d'une manière *permanente,
entreprennent* de faire jouir le public de la vue ou de l'audition d'œuvres
dramatiques ou musicales, sont des *entrepreneurs de spectacles dans le sens
de cet article ;* que sous le nom de *théâtre* il faut entendre *tout lieu public*
sur lequel une représentation se produit, et sous celui d'ouvrages dramatiques
toute œuvre de l'esprit qui est l'objet d'une représentation ;

« Attendu qu'il est reconnu par le prévenu Champagne que, dans la soirée
du 10 octobre 1867, il a reçu dans son café des artistes qui, en présence du
public réuni dans son établissement, et sans le consentement des plaignants,
ont exécuté plusieurs compositions dont les paroles et la musique sont la propriété de ces derniers, et ont ainsi commis le délit prévu et puni par l'article 428 du code pénal.

Cour de cassation de France. — *21 juillet 1881.*

« Attendu qu'aux termes de la loi des 13-19 janvier 1791, les ouvrages des
auteurs vivants ne peuvent être représentés sur aucun théâtre public sans le
consentement formel et par écrit de ces auteurs ;

« Que, d'autre part, l'article 428 du code pénal punit d'une amende correc-

CHAPITRE VI

Nous pensons qu'après nous être placé sous l'autorité des éminents jurisconsultes dont nous reproduisons l'opinion, après avoir invoqué la jurisprudence des cours et tribunaux de France, au point de vue de l'application des lois de 1791 et du code pénal de 1810, proscrivant l'exclusion des œuvres musicales, nous pouvons nous dispenser d'insister davantage.

Mais après ces considérations de droit pur, nous ne

tionnelle et s'il y a lieu de la confiscation des recettes tout directeur, tout entrepreneur de spectacle, toute association d'artistes qui aura fait représenter sur son théâtre les ouvrages précités au mépris des lois et règlements relatifs à la propriété des auteurs ; qu'il importe peu que la représentation ait eu lieu sur un théâtre proprement dit; qu'il suffit pour justifier l'application de l'article 428 du code pénal qu'il y ait eu, *même accidentellement*, exécution publique sans le consentement des ayants droit d'une œuvre littéraire ou musicale quelconque appartenant au domaine privé.

TRIBUNAL CORRECTIONNEL DE BESANÇON. — *12 janvier 1883.*

« Attendu que, comme tous propriétaires, les auteurs ont sur les ouvrages littéraires ou lyriques un droit absolu; que spécialement aux termes de l'article 3 de la loi du 13-19 janvier 1791, leurs ouvrages ne peuvent être représentés sur aucun théâtre public sans leur consentement formel et par écrit; que l'article 428 du code pénal a mis à ce droit une sanction. »

pouvons négliger de faire valoir l'intérêt et la force de la musique, pour montrer qu'il est impossible d'admettre que ce puissant moyen d'influence et d'éducation aurait échappé à l'attention des hommes d'Etat auxquels sont dus les monuments de législation et de jurisprudence qui nous régissent encore aujourd'hui.

Certes, ils n'ont pas proscrit ni condamné la musique. Cela n'est dit nulle part. Mais aujourd'hui on voudrait nier l'application des lois protectrices de la propriété, en faveur des œuvres musicales, sous le futile prétexte que le législateur n'aurait pas indiqué la musique en termes explicites et parcequ'il l'aurait comprise sous la rubrique générique « d'ouvrages dramatiques » (1).

La musique a toujours fait l'objet des préoccupations des législateurs et des philosophes.

Montesquieu rappelle dans son immortel travail *L'esprit des lois*, livre IV, chapitre VIII, que « Polybe, le judicieux Polybe, nous dit que la musique était nécessaire pour adoucir les mœurs des Arcades, qui habitaient un pays où l'air est triste et froid ; que ceux de Cynète, qui négligèrent la musique, surpassèrent en cruauté tous les Grecs et qu'il n'y a point de ville où l'on ait vu tant de crimes. Platon ne craint point de dire que l'on ne peut faire de changement dans la musique, qui n'en soit un dans la constitution de l'Etat. Aristote, qui semble n'avoir fait sa *Politique* que pour opposer ses sentiments à ceux de Platon, est pourtant d'accord avec lui touchant la puissance de la musique sur les mœurs. Théophraste, Plutarque, Strabon, tous les anciens, ont pensé de même. Ce n'est point une opi-

.(1) Voir page 104, note 748.

nion jetée sans réflexion; c'est un des principes de leur politique. C'est ainsi qu'ils donnaient des lois, c'est ainsi qu'ils voulaient qu'on gouvernât les cités ».

Montesquieu continue en ces termes :

« Je suppose qu'il y ait parmi nous une société de gens si passionnés pour la chasse qu'ils s'en occupassent uniquement; il est sûr qu'ils en contracteraient une certaine rudesse. Si ces mêmes gens venaient à prendre encore du goût pour la musique, on trouverait bientôt de la différence dans leurs manières et dans leurs mœurs. Enfin les exercices des Grecs n'excitaient en eux qu'un genre de passions, la rudesse, la colère, la cruauté. La musique les excite toutes et peut faire sentir à l'âme la douceur, la pitié, la tendresse, le doux plaisir. Nos auteurs de morale, qui, parmi nous, proscrivent si fort les théâtres, nous font assez sentir le pouvoir que la musique a sur nos âmes.

« Si, à la société dont j'ai parlé, on ne donnait que des tambours et des airs de trompette, n'est-il pas vrai que l'on parviendrait moins à son but que si l'on lui donnait une musique tendre? Les anciens avaient donc raison lorsque, dans certaines circonstances, ils préféraient pour les mœurs un mode à un autre.

« Mais, dira-t-on, pourquoi choisir la musique par préférence? C'est que, de tous les plaisirs des sens, il n'y en a aucun qui corrompe moins l'âme. »

On voit combien les anciens appréciaient la musique et combien ils prenaient soin de diriger ce précieux moyen d'éducation et de moralisation sociales.

Elle n'a perdu, depuis l'antiquité, ni son caractère, ni son efficacité. On peut répéter aujourd'hui, vers la fin du XIXe siècle, ce que disait au milieu du siècle précédent l'ancien président à mortier du parlement de Bordeaux : « La musique tient à l'esprit par les organes du corps. Ce n'est pas qu'elle inspire la vertu, cela serait inconcevable, mais elle fait que l'âme a dans l'éducation une part qu'elle n'y aurait point eue. »

Quoi d'étonnant, dès lors, que, dans nos temps modernes, les productions musicales jouissent comme les productions littéraires, de la protection intégrale de la loi positive ?

CHAPITRE VII

Aussi est-il certain que ce puissant élément d'influence
n'a pas échappé au constituant de 1791. Il est évident
que les décrets de la révolution ont voulu encourager,
protéger et développer les œuvres musicales à l'égal
des ouvrages dramatiques.

Nous avons démontré, par l'action commune des auteurs et compositeurs agissant sous le titre d'auteurs
dramatiques, qu'il est impossible d'admettre que la
musique proprement dite, aurait été exclue des préoccupations du législateur de 1791 et qu'il aurait négligé,
intentionnellement ou par inadvertance, ce langage
universel qui raconte harmonieusement toutes les émotions et toutes les sensations de la vie.

L'influence de la musique a toujours été considérée
comme une force s'exerçant sur toutes les intelligences,
et l'on voit les natures les moins favorisées se livrer à
ce plaisir qui leur procure des sensations auxquelles on
ne les aurait pas crues accessibles.

L'exécution d'une belle œuvre musicale produit un

charme, une impression pure et douce, auxquels on cède et dont la perception double nos facultés.

Les anciens considéraient, avec raison, la musique comme la science de l'ordre et la régulatrice des mœurs.

Montesquieu rappelle que Platon disait que l'on ne pourrait faire de changement dans la musique, qui n'en serait pas un dans la constitution.

Et Shakespeare, développant cette pensée : le méchant ne chante pas, disait : « L'homme qui n'a dans son âme aucune musique et qui n'est pas ému par l'harmonie est capable de trahison, de stratagèmes et d'injustice. »

Nous affirmons qu'il serait bien à plaindre celui qui resterait insensible au *Don Juan* de Mozart, au *Guillaume Tell* de Rossini, aux *Huguenots* de Meyerbeer, et aux conceptions géniales des Schumann, Gluck, Beethoven, Mendelsohn, et de tant d'autres immortels créateurs.

Il serait étrange que, dans un pays musical, comme la Belgique, on pût contester l'influence de la musique et qu'on voulût en dérober les manifestations à la protection des lois édictées en vue de faire respecter les productions du génie et de la pensée.

Pour remettre en mémoire un petit fait historique que tous les Belges connaissent, nous rappellerons que c'est aux accents entraînants du duo de la *Muette de Portici* que commença la révolution belge de 1830, et depuis plus d'un demi-siècle, les représentations de ce chef-d'œuvre d'Auber ont donné lieu, à Bruxelles, à l'explosion des sentiments patriotiques et provoqué bien des scènes émouvantes.

Nous soutenons que c'est commettre une grave erreur que de prétendre que le législateur de 1791 n'a pas com-

pris l'importance de ce moyen d'action sur les caractères
et les mœurs, et d'affirmer par extension, et c'est là ce qui
nous fait insister sur ce point, que le constituant de 1830,
reproduisant les dispositions de la loi de 1791, a intentionnellement ou involontairement écarté les œuvres
musicales de la protection légale.

Semblable conséquence serait désastreuse au point de
vue des nombreux et respectables intérêts qui vivent de
la musique en Belgique, et elle constituerait une véritable iniquité dans notre pays, musical par excellence.

Nous croyons avoir établi que cela ne peut se soutenir
ni en droit ni en fait.

Aussi considérons-nous la démonstration à laquelle
nous venons de nous livrer comme une pure digression
et nous nous excusons même d'avoir cherché à mettre
quelque peu de « musique » dans le sujet si aride et si
ingrat que nous traitons.

CHAPITRE VIII

Nous avons démontre que les droits des compositeurs nationaux peuvent incontestablement s'exercer, en Belgique, sur les œuvres musicales. Il nous reste à exposer ce que la loi entend par *théâtre public,* car les droits des auteurs doivent évidemment s'arrêter au seuil du domicile des particuliers (1).

(1) Quid *d'une exécution privée ?*

« La loi interdit la représentation qui a lieu dans un but plus ou moins commercial, et non celle qui a lieu à titre de récréation, de délassement, dans une réunion intime et privée. C'est un point sur lequel tous les auteurs sont d'accord. La représentation sur un théâtre de société, dans un salon, demeure légitime. L'auteur ne saurait l'interdire. On peut s'étonner d'abord de cette solution qui ne laisse pas l'auteur libre d'empêcher une représentation qui, par son ridicule peut-être, est de nature à porter atteinte à son œuvre. Il semble que son droit de propriété soit violé. Mais en y réfléchissant, on comprend qu'une représentation, dans de pareilles conditions, non-seulement ne peut lui porter aucun préjudice sérieux ou même appréciable, mais encore se passe dans un milieu qui échappe nécessairement à son droit. Comment, en effet, dans un cas pareil, exercerait-il son droit ? Lui serait-il permis de pénétrer dans l'intérieur des familles et d'y exercer sa surveillance ? Est-ce possible ? D'ailleurs, n'a-t-il pas, en le publiant, abandonné au public la jouissance intellectuelle de son ouvrage ? Enfin, — et cette raison est sans réplique, — la loi du 19 janvier 1791 déclare expres-

Il est certain que les fêtes dramatiques ou musicales organisées chez un particulier, et auxquelles sont conviés des invités et des amis, doivent échapper aux droits des auteurs dont on emprunte les œuvres. Il doit en être de même lorsqu'il s'agit de représentations dramatiques ou d'exécutions musicales dans les cercles, sociétés, etc., mais données devant les seuls sociétaires.

On peut admettre, dans ce cas, l'assimilation du cercle à une réunion privée. Mais cette fiction cesse lorsque le nombre des auditeurs est très considérable et lorsqu'il se compose, non plus des seuls sociétaires, mais d'invités en nombre plus ou moins grand, de délégués de la presse, et surtout lorsqu'une partie des assistants a payé un droit d'entrée.

Dans le premier cas, il y a déjà les éléments de publicité ou de quasi-publicité qui constituent les représentations publiques dans le sens de la loi, mais, dans le dernier cas, il est tout à fait incontestable que ces réunions, auxquelles les auditeurs sont admis moyennant une cotisation, sont absolument des réunions publiques.

Renouard, Pouillet, Blanc, Dalloz, décident que ceux qui, accidentellement ou d'une manière permanente, entreprennent de faire assister le public à une représentation quelconque, moyennant rétribution, sont des « entrepreneurs de spectacles » dans le sens de l'article 428 du code pénal de 1810, et que les expressions « *théâtres et ouvrages dramatiques* » doivent être prises

---

sément que les ouvrages ne pourront être représentés sur aucun théâtre *public*, d'où il suit qu'elle n'a point entendu défendre les représentations données sur un *théâtre privé, devant une réunion privée.*

Pouillet. *De la propriété littéraire et artistique.*

dans un sens corrélatif et s'entendre de tout lieu public où sont représentées, devant des spectateurs, des scènes destinées à satisfaire les goûts littéraires et artistiques (1).

(1) « Remarquons d'abord que la loi (428) ne veut atteindre que les directeurs et entrepreneurs de spectacles ou à défaut de directeurs et d'entrepreneurs les associations d'artistes. Ceux-là seuls sont frappés de la prohibition de représenter des ouvrages dramatiques sans l'assentiment des auteurs, parce que seuls ils lèsent par leurs représentations publiques et par leurs exploitations les droits de ces auteurs ; toutes autres personnes peuvent donc représenter les ouvrages dramatiques d'autrui si ces représentations ont lieu sur des théâtres de société où le public n'est pas admis *et si aucun prix n'est exigé des spectateurs.*

« N° 3778. Un arrêt de cassation du 16 décembre 1854 (Daloz 55-1-45) décide que l'article 428 est applicable dans le cas d'exécution d'une *œuvre musicale* par une société d'artistes ou d'amateurs devant des abonnés tenus au paiement d'une cotisation annuelle et des étrangers *invités* et admis moyennant une rétribution, alors même que le montant des cotisations et des perceptions est destiné exclusivement à couvrir les frais des concerts.

« Pour constituer la représentation illicite faut-il qu'il y ait à la fois représentation publique et spéculation, ou bien la première condition est-elle suffisante ? Le texte de nos auteurs n'est pas suffisamment précis sur ce point. La décision que je viens de rapporter se contente de la circonstance de la publicité et même de la quasi publicité, résultant de l'admission d'étrangers payants, mais qui devaient être invités, ce qui ne constitue pas une publicité complète.

« De spéculation, il n'y en avait pas, puisque le produit des recettes devait servir uniquement à couvrir les frais du concert.

« Telle est aussi l'opinion de M. Blanc. « La loi, dit-il, n'a pas seulement voulu protéger l'auteur contre les spéculations et les entreprises rivales, mais contre toute représentation donnée à un public payant; aussi ne pourrait-on jamais alléguer pour excuse que la représentation avait lieu dans un intérêt d'humanité. Cela importe peu à l'auteur et il a seul le droit de consacrer à un acte de générosité le fruit de son ouvrage.

« Ajoutons encore, avec M. Blanc (c'est presque la même hypothèse), qu'il y aurait représentation illicite dans le fait de faire entendre des compositions musicales dans un concert d'amateurs où le public serait admis moyennant rétribution, alors même que le produit de la recette serait exclusivement destiné à couvrir les frais du concert.

Chauveau et Faustin Hélie. *Théories du code pénal.*

Il a été jugé qu'il y a contravention à l'article 428 du code pénal dans le fait, *par une société d'amateurs,* de jouer une pièce sans le consentement de

Or, il est certain que les seuls auditeurs qui ont payé une rétribution pour assister à la fête composent un auditoire payant qui donne, à une réunion de ce genre, le caractère public; et la présence des sociétaires qui, eux aussi, payent une cotisation annuelle pour pourvoir aux frais de ces fêtes, ne peut enlever le cachet de publicité qui résulte incontestablement de la présence de ceux qui ont payé leur droit d'entrer, de voir et d'entendre.

La jurisprudence est d'ailleurs parfaitement établie sur ce point.

---

l'auteur, alors du moins que, outre les billets distribués gratuitement, il y en a de vendus à la porte.

Paris, 17 mai 1832. Gaz. des trib. 18 mai.

« Que les concerts donnés par une association d'artistes ont le caractère de publicité qui les fait rentrer dans la classe des représentations dont parle l'article 428 du code pénal, lorsque le nombre des sociétaires est illimité et que diverses catégories de personnes, en dehors des sociétaires, peuvent se procurer des billets à prix d'argent.

Cass. de France, 16 décembre 1854.

Dalloz, *V° Propriété littéraire.*

« Il a été jugé que l'exécution de morceaux de musique dans un concert, donné par une société qui en couvre les frais par des cotisations annuelles et adresse des invitations tant à des étrangers qu'aux membres des familles des sociétaires, doit être considérée comme une représentation publique dans le sens de la loi du 19 janvier 1791 et de l'art. 428 du code pénal. (Cass., 11 mai 1860, aff. Société philharmonique du Mans, Pataille, 62,382).

CHAPITRE IX

DES REPRÉSENTATIONS DE BIENFAISANCE, ETC. — NÉCESSITÉ D'APPLIQUER L'OPINION DES AUTEURS ET LA JURISPRUDENCE.

Quant au but de spéculation ou à l'absence de bénéfice, cela n'exclut pas le dommage ou la lésion causée aux auteurs par des représentations illicites (1).

(1) TRIBUNAL DE GAND, *2 février 1871.*

« Attendu que l'action du demandeur, ainsi qu'elle résulte des motifs de l'exploit introductif d'instance, tend contre le défendeur à la restitution d'une somme de dix-huit francs ;

« Sans devoir s'arrêter aux fins de non recevoir opposées par la partie défenderesse ;

« Attendu qu'il n'est pas contesté :

« 1° Que le sieur De Bast est le délégué de l'Association des auteurs et des compositeurs dramatiques ;

« 2° Que ladite Association est aux droits des auteurs dont les morceaux ont été exécutés dans le concert de charité du 13 octobre 1870 ;

« Attendu que la difficulté entre parties se réduit par conséquent à la question de savoir si les auteurs avaient des droits à percevoir du chef de cette exécution ;

« Attendu qu'il ne peut y avoir doute à cet égard; qu'en effet, les lois en vigueur en Belgique protègent la propriété littéraire et artistique comme toute autre propriété ; qu'ainsi les articles 3 du décret du 13 et 19 janvier 1791, et 2 du décret du 19 juillet-6 août 1791, et 4 de l'arrêté du gouvernement provisoire de Belgique du 21 octobre 1830 défendent de la manière la plus expresse de représenter une composition dramatique sur un théâtre public, sans le consentement formel de l'auteur ;

Les auteurs d'ouvrages dramatiques ou musicaux ont un droit exclusif au point de vue de la reproduction par la représentation ou par l'exécution.

« Attendu que cette défense porte sur toute représentation ou exécution aussi bien partielle que totale et qu'elle suppose évidemment qu'en cas d'exécution publique d'une œuvre musicale, il y a lieu d'abandonner à l'auteur une part du bénéfice résultant de cette exécution ;

« Attendu que la quotité du droit d'auteur qui a été perçue n'est pas contestée au procès ;

« Mais attendu que le demandeur soutient que le concert du 13 octobre 1870 ne réunissait pas les conditions de publicité et de spéculation nécessaires pour constituer un spectacle public dans le sens des lois ci-dessus rappelées ;

« Attendu que ces conditions étaient incontestablement réunies dans l'espèce ; qu'on doit entendre par théâtre public tout lieu où le public est admis pour le plaisir de voir et d'entendre ; qu'au concert du 13 octobre chacun pouvait être admis moyennant paiement ; que le nombre des auditeurs n'était pas limité ; qu'aucune condition autre que le paiement de l'entrée n'était exigée ; que le caractère public de cette réunion est donc évident ;

« Attendu, en outre, que ledit concert avait été organisé dans un but de lucre, chacun pour y assister ayant dû payer sa place ;

« Qu'il est bien vrai que les organisateurs avaient manifesté à l'avance et ont accompli, depuis, l'intention d'en consacrer le produit à une œuvre charitable ;

« Attendu enfin que refuser, dans l'espèce, aux auteurs la part à laquelle ils ont droit dans le bénéfice, ce serait faire œuvre de bienfaisance à leurs dépens ;

« Par ces motifs :

« Le tribunal, faisant droit, déclare le demandeur non fondé en son action et le condamne aux dépens.

Cour impériale de Paris. — Arrêt du 6 janvier 1853.

« La cour,

« Considérant que l'article 428 du code pénal a pour but de réprimer les contraventions au décret des 13-19 janvier 1791, prohibant en termes généraux la représentation totale ou partielle, sur tout théâtre, des ouvrages des auteurs vivants, sans le consentement de ces derniers ; que, pour la juste application du code pénal, il convient de rapprocher de ces dispositions les termes et l'esprit du décret susdaté ; que, d'après ce rapprochement, on doit entendre par théâtre toute salle destinée à des représentations publiques, périodiques ou accidentelles, et par ouvrages dramatiques, toutes œuvres littéraires ou musicales, objet d'une exécution publique assimilée à une représentation théâtrale ;

Toute représentation ou exécution donnée sans leur consentement peut constituer, pour eux, une cause de dommage dont la réparation leur est due.

« Considérant qu'il résulte de l'instruction et des débats que, le 25 avril 1852, dans une salle dite Salle Herz, ouverte au public moyennant rétribution, et dans un concert dont Offenbach était l'entrepreneur, il a fait exécuter : 1° l'air du *Barbier de Séville*, de Rossini, paroles de Castil Blaze ; 2° la chansonnette de Bourget et Parizot, intitulée l'*Anglais et le Gamin de Paris*, sans avoir obtenu le consentement des auteurs, délit prévu et puni par l'article 428 du code pénal ;

« Considérant que la réparation du préjudice résultant de ce fait pour les auteurs a été justement appréciée par le tribunal ;

« Ordonne que le jugement dont est appel sortira son plein et entier effet.

« N° 278. L'expression générique « spectacle » employée par l'article 428 du code pénal s'applique à tous les lieux où le public est admis pour le plaisir de voir ou d'entendre. Elle désigne non-seulement les théâtres, mais aussi les concerts, les panoramas, les cabinets de curiosités ou de figures, les joûtes, etc. (Décret du 16 août 1811, Gastambide, n°s 254 et 270.)

« Il faut donner une portée égale au mot théâtre inséré dans l'article 4 de l'arrêté belge du 21 octobre 1830.

CAPPELLEMANS. *La propriété littéraire.*

« N° 65. La loi de 1791 est applicable à tout ouvrage susceptible d'être représenté, exécuté ou chanté en public, quelles que soient d'ailleurs la nature, la forme ou l'importance de cet ouvrage.

« N° 68. L'exécution d'œuvres musicales par une société d'artistes ou d'amateurs devant des abonnés, tenus au paiement d'une cotisation annuelle, et surtout devant des invités étrangers, admis moyennant une rétribution, ne peut, sous les peines portées en l'article 428 du code pénal, avoir lieu que du consentement préalable des auteurs, lesquels sont fondés à exiger, à cet effet, le paiement d'un droit de représentation, et cela, encore bien que le montant des cotisations fournisse aux frais des concerts.

« N° 69. Il doit en être ainsi alors même que les personnes autres que les abonnés, invités à cette exécution, l'auraient été gratuitement.

DALOZ, JURISPRUDENCE GÉNÉRALE. *V° Propriété littéraire.*

Jugement du tribunal de première instance de Nancy, du 12 mai 1854.
« En fait :

« Attendu que, sans examiner si la Société philharmonique de Nancy, considérée au reflet de ses statuts, ne paraîtrait pas une réunion publique, et en admettant qu'elle ne serait qu'une société particulière et privée, toujours est-il que plusieurs fois, et notamment les 28 janvier et 29 mars derniers,

La gratuité des séances ou le but de bienfaisance n'exclut pas l'obligation de s'entendre avec ceux dont on emprunte les œuvres. Souvent les bénéficiaires d'un

elle a donné des concerts auxquels elle a admis des étrangers, moyennant la rétribution de 5 fr., prix du billet d'entrée, et que, dans le but d'augmenter sa recette autant que possible, elle a donné à ces concerts la plus grande publicité, non-seulement par l'affiche, mais encore par l'annonce qu'elle en a fait faire par la voie des journaux du département et par la distribution, dans les hôtels et cafés de Nancy, de prospectus contenant le programme du concert et l'avis aux étrangers qu'ils trouveraient des billets d'entrée aux lieu et heure dont on leur donnait l'indication ;

« Attendu que des concerts ainsi donnés, avec admission des étrangers, étaient de véritables concerts publics, constituant une entreprise et une spéculation ; que l'objection que les habitants de Nancy ne faisant pas partie de la Société n'y étaient pas admis, n'a rien de sérieux ; qu'en effet, cette exclusion, bornée aux habitants de Nancy, n'avait pour motif que de les exciter à s'abonner, et n'avait nullement pour effet de restreindre la réunion à celle des membres de la Société restant en quelque sorte en famille, puisqu'on y admettait indifféremment, à prix d'argent, toutes les personnes venant du dehors, n'importe d'où, et que leur admission n'avait de bornes que celle de la salle même de réunion ;

« Que la seconde objection, consistant à dire qu'il n'y avait pas de spéculation par la raison qu'aucun membre de la Société n'a jamais profité pécuniairement d'un centime du produit de ses concerts, n'est encore qu'un raisonnement dont la fausseté ressort à la simple réflexion ; que ce n'est pas le succès d'une entreprise et l'emploi du gain qu'elle procure qui en déterminent la nature ; qu'il est de notoriété publique que la Société philharmonique de Nancy, n'ayant pas avec ses seuls abonnements le moyen de faire venir et de payer de grands artistes, cherche et trouve des ressources à cet effet dans les concerts publics, dont elle emploie ainsi la recette d'une manière qui, sans doute, est favorable aux arts et utile à la cité, mais qui, enfin, lui arrive comme un gain dont elle est libre de disposer et dont, en effet, elle dispose à son gré en le consacrant à des plaisirs au lieu de se le partager ; qu'ainsi, les concerts dont il s'agit, ceux qui ont eu lieu spécialement les 28 janvier et 29 mars derniers, avec admission d'étrangers, étaient de véritables concerts publics ;

« Attendu que, dans ces deux concerts, on a exécuté des œuvres musicales des sieurs Berton, Massé, Thomas et Arnauld sans leur consentement formel et par écrit, la Société philharmonique soutenant qu'elle n'est pas, en pareil cas, soumise au paiement des droits d'auteur, prétention qui forme, dans la cause, l'état de la question qu'il s'agit d'examiner;

« En droit :

« Attendu qu'une chanson et une œuvre musicale sont la propriété de celui

spectacle ou les organisateurs de fêtes de bienfaisance demandent aux auteurs l'abandon de leurs droits, et presque toujours ces demandes, quand elles sont justifiées, sont accueillies par les auteurs.

qui en est l'auteur, et que cette propriété est protégée par les lois spéciales des 19 janvier et 19 juillet 1791, 19 juillet 1793 et l'art. 428 du code pénal, dont les dispositions générales et absolues s'étendent à toutes les œuvres dramatiques et musicales, sans aucune exception, ce qui n'est qu'une juste sanction du droit de propriété consacré en principe par les art. 544 et 545 du code Napoléon ;

« Attendu que la défense faite par ces mêmes lois d'exploiter des œuvres dramatiques ou musicales sans le consentement de ceux qui en sont les auteurs est également générale et absolue, ce qui est rationnel ; que, si elle n'admet d'exception en faveur d'aucune personne, à plus forte raison ne saurait-il y en avoir en faveur de personnes réunies ; qu'ainsi la Société philharmonique de Nancy est tout à fait mal fondée à prétendre pour elle à une exception qui ne trouve d'appui ni dans la loi ni dans l'équité ;

« Attendu que cette Société, en faisant exécuter en public des morceaux de musique et de chant sans consentement des demandeurs qui en sont les auteurs, et sans leur avoir, par conséquent, payé la rétribution, prix de leur propriété, a encouru, par cette infraction aux lois précitées, la peine édictée par l'art. 428 du code pénal, et en même temps donné lieu contre elle, en la personne de M. Molitor, son président, à une action en réparation civile, fondée sur les mêmes lois et sur l'art. 138 du code Napoléon.

Arrêt de la cour de cassation de France, du 16 décembre 1854.

« La cour,

« Vidant le délibéré par elle ordonné en la chambre du conseil,

« Et statuant sur le pourvoi formé, au nom de la Société des auteurs, compositeurs et éditeurs de musique réunis, par le sieur Henrichs, son agent général, contre l'arrêt rendu par la cour impériale d'Orléans, chambre des appels de police correctionnelle, le 24 juillet dernier :

« Vu les art. 428 du code pénal, 408 et 413 du code d'instruction criminelle ;

« Attendu que les lois des 19 janvier et 6 août 1791, 19 juillet et 1er septembre 1793, assurent aux auteurs dramatiques la propriété de leurs ouvrages et le droit d'en disposer par la voie de la représentation comme par celle de l'impression ;

« Que ces dispositions trouvent leur sanction dans l'art. 428 du code pénal ;

« Attendu que l'arrêt attaqué vise le règlement imprimé de l'Institut musical, en discute les conditions et reconnaît implicitement, mais nécessairement, que ces conditions sont la règle de l'établissement dont il s'agit ;

Nous rappellerons que, lors des terribles inondations qui ont dévasté la Belgique en 1879, une mesure générale a été prise par la *Société des auteurs et compositeurs*

« Attendu qu'il résulte de l'arrêt attaqué et des faits constatés par l'acte précité qu'il s'est formé à Orléans une association d'artistes ou autres dans le but de faire exécuter dans des concerts les meilleures compositions musicales anciennes et modernes et notamment des morceaux extraits d'œuvres dramatiques ;

« Que le nombre des sociétaires est illimité ;

« Que toute personne peut être admise à faire partie de la Société, sur la présentation d'un de ses membres, en s'engageant à payer la cotisation fixée par le règlement ;

« Que cinq concerts, au moins, sont donnés par année ;

« Qu'au moyen de la souscription, chaque membre de l'association reçoit un billet pour chacun de ces concerts ;

« Qu'en dehors des abonnements ordinaires, les officiers de la garnison sont admis par les statuts à s'abonner pour le nombre de concerts donnés pendant leur séjour, au prix de 2 fr. par chaque billet ;

« Que les personnes étrangères aux cantons d'Orléans peuvent également, par l'intermédiaire d'un abonné, se procurer des billets pour chaque concert, au prix de 3 fr. au moins par billet ;

« Que, dans ces circonstances, il est impossible de ne pas reconnaître dans ces concerts le caractère de publicité qui les fait rentrer dans la classe des représentations auxquelles s'applique l'art. 428 du code pénal.

Arrêt de la cour de cassation de France, du 11 mai 1860.

« Sur le premier moyen :

« Attendu qu'aux termes des art. 3 de la loi des 13-19 janvier 1791, les ouvrages des auteurs vivants ne peuvent être représentés sur aucun théâtre public sans le consentement formel et par écrit des auteurs, sous peine de confiscation du produit total des représentations au profit des auteurs, et que l'art. 428 du code pénal, apportant une nouvelle sanction à ces dispositions, prononce une amende de 50 à 500 francs et la confiscation des recettes contre tout directeur, entrepreneur de spectacles et toute association d'artistes qui aura fait représenter sur son théâtre des ouvrages dramatiques au mépris des lois et règlements relatifs à la propriété des auteurs ;

« Qu'il est reconnu en fait, par l'arrêt attaqué, que, dans un concert donné, le 12 décembre 1858, sur un théâtre public de la ville du Mans, des compositions musicales ont été jouées sans que le consentement des auteurs ait été préalablement demandé et obtenu ; que l'intention exprimée par l'association d'artistes qui donnait ce concert, d'acquitter ultérieurement les droits dus aux auteurs, ne pouvait suppléer au consentement formel exigé par la loi, consentement qui doit évidemment précéder la représentation ; qu'il suit

dramatiques, à savoir que les droits des auteurs ont été abandonnés pour toutes les fêtes et représentations organisées dans toute la Belgique au profit des inondés. Mais les

de là que l'arrêt, en se fondant sur cette intention pour déclarer la non existence du délit, a méconnu l'un des éléments du délit et violé les lois ci-dessus visées ;

« Sur le deuxième moyen,

« Attendu qu'il est constaté par l'arrêt attaqué, que la Société philharmonique du Mans compte deux cents sociétaires, que chaque sociétaire jouit du privilége de faire admettre aux concerts ceux des membres de sa famille qui n'ont pas d'intérêts distincts des siens, que la Société adresse des invitations, soit aux officiers de la garnison, soit aux personnes étrangères à la ville, enfin, que les frais de concerts sont couverts par la cotisation annuelle des sociétaires agréés à la Société ;

« Qu'il résulte des faits ainsi constatés, que les concerts donnés par la Société philharmonique du Mans constituent une représentation théâtrale et publique qui rentre dans les termes de l'art. 3 de la loi des 13-19 janvier 1791 et de l'art. 428 du code pénal ;

« Que dès lors, l'arrêt attaqué, en déclarant que les concerts des 8 janvier, 26 février et 2 avril 1859 n'avaient pas le caractère de publicité voulu par la loi pour la constitution du délit de représentation illicite d'une œuvre dramatique, a commis une violation des lois précitées.

Arrêt de la cour impériale de Poitiers, du 13 décembre 1860.

« La cour, Ouï dans son rapport aux précédentes audiences, M. le conseiller Gaillard, dans son rapport,

« Les avoués et avocats des parties dans leurs conclusions et plaidoiries, ainsi que l'avocat général de la Marsonnière en ses conclusions,

« Après en avoir délibéré, conformément à la loi,

« Sur le premier chef de la demande :

« Attendu que les lois des 19 janvier et 6 août 1791, 19 juillet et 1er septembre 1793, disposent que les ouvrages des auteurs vivants ne pourront être représentés sur aucun théâtre public dans toute l'étendue de la France, sans le consentement formel et par écrit des auteurs, sous peine de confiscation du produit total des représentations au profit des auteurs, et assurent aux auteurs dramatiques la propriété de leurs ouvrages et le droit d'en disposer par la voie de la représentation, comme par celle de l'impression ;

« Attendu que l'art. 428 du code pénal est venu sanctionner les dispositions des lois précitées en prononçant contre les contrevenants une amende de 50 à 500 francs au plus, et la confiscation des recettes ;

« Sur le second chef de demande :

« Attendu que les dispositions des lois précitées sont générales ; qu'elles ont pour objet et pour but de consacrer le droit de l'homme sur la pensée,

auteurs ne pouvant subir individuellement et person-
nellement cet abandon de droits, c'est la caisse sociale
qui a supporté cette charge. Eriger en principe que toute

et de récompenser des travaux qui honorent l'intelligence;— que les compositions littéraires et musicales, fruits de longues études, constituent une
propriété aussi légitime que toutes les autres; — qu'il est donc juste que
cette propriété intellectuelle jouisse dans les limites du temps fixé par la loi,
des mêmes protections, des mêmes garanties, que la propriété commune ;

« Attendu, en fait, qu'il est établi par le règlement de la Société philharmonique du Mans, que le nombre des sociétaires est limité à 200 ; — que
chaque sociétaire jouit du privilége de faire admettre dans le sein de la
Société, à titre d'agrégés, ceux des membres de sa famille qui n'ont pas des
intérêts distincts des siens ; — que les étrangers peuvent être admis, sans
aucune rétribution dans ces concerts, sur la présentation d'un sociétaire ;

« Attendu que les recettes de la Société se composent des droits d'admission et de l'annuité payée par des sociétaires et ses agrégés ; — que la
comptabilité est confiée à un trésorier, qui fait les recettes et acquitte les
dépenses de la Société ; qu'un traitement est alloué au chef d'orchestre et
une rétribution accordée aux artistes dont l'utilité est reconnue ;

« Attendu que le but de la Société est de répandre le goût de la musique
et d'exécuter les principales compositions vocales et instrumentales tant
anciennes que modernes, et que chaque année, du 1er septembre au 1er mai,
il est donné au moins six concerts ;

« Attendu que ces concerts présentent le même caractère que les représentations théâtrales ordinaires ; qu'ils se donnent au foyer de la salle de
spectacle du Mans ; — qu'une partie au moins des artistes qui composent
l'orchestre reçoivent un traitement ou une rétribution ; — que des morceaux
détachés des œuvres dramatiques sont exécutés devant un nombre considérable de spectateurs ; — que les recettes de la Société lui permettent de
subvenir aux dépenses nécessaires pour obtenir le concours des premiers
artistes de Paris ;

« Attendu que de l'ensemble des faits ainsi constatés, il résulte : 1° que la
Société philharmonique du Mans est une véritable association d'artistes
entreprenant des concerts, qui présentent le caractère de publicité nécessaire
pour rentrer dans la classe des représentations auxquelles s'applique l'art.
428 du code pénal ; 2° que les recettes de la Société qui se composent des
sommes versées, pour prix de leur abonnement, par les sociétaires et les
agrégés, peuvent être saisies et confisquées ;

« Attendu que la Société philharmonique exécute, il est vrai, des œuvres
dramatiques dans l'intérêt des sociétaires qui la composent, mais que cette
exécution, sans le consentement des auteurs, porte atteinte à leurs droits
légitimes de propriété, et peut gravement, dans certains cas, préjudicier à

représentation de bienfaisance échappe aux droits des auteurs, ce serait faire de l'art ou de la bienfaisance à leur détriment, ce qui ne peut se concevoir. (Voir page 120, note *in fine*).

leurs intérêts pécuniaires; que, du reste, ce serait introduire dans les lois sur la matière une distinction purement arbitraire que de restreindre leur application aux établissements publics fondés dans une pensée de lucre et de spéculation;

« Attendu que le ministère public n'a pas interjeté appel du jugement rendu le 12 mai 1859 au profit du sieur Fleury par le tribunal correctionnel du Mans;

« Par ces motifs :

« La cour, statuant sur l'appel interjeté par les auteurs et compositeurs de musique;

« Dit sur le premier chef de la demande :

« Qu'en faisant exécuter dans un concert donné le 12 décembre 1858 sur un théâtre public du Mans, des compositions musicales, sans que le consentement des auteurs ait préalablement été demandé et obtenu, le sieur Fleury, directeur de la Société philharmonique a commis le délit prévu et puni par l'art. 3 de la loi des 19 et 13 janvier 1791, et l'art. 428 du code pénal;

« Sur le second chef :

« Dit que les concerts des 8 janvier, 5 et 26 février et 2 avril 1859, doivent être considérés comme de véritables représentations théâtrales et publiques, et réunissent tous les caractères exigés par les lois précitées pour la constitution du délit de représentation illicite d'œuvres dramatiques.

Jugement du tribunal correctionnel de Saint-Quentin, du 18 juillet 1867.

« Considérant que les dispositions des art. 3 de la loi du 19 janvier 1791, 428 et 429 du code pénal sont formelles et absolues, — que protégeant la propriété intellectuelle des auteurs vivants, elles ne font aucune distinction entre les œuvres dramatiques et les œuvres musicales, défendant tout à la fois, sous certaines pénalités, à défaut d'autorisation préalablement obtenue, la représentation publique de l'ensemble d'une composition, et l'exécution d'un morceau détaché, qui n'est en réalité qu'une représentation partielle, qu'elle ait lieu, soit par un directeur ou un entrepreneur de spectacles, soit par une association d'artistes, catégorie qui comprend évidemment la société chorale présidée par l'inculpé.

Tribunal civil d'Oloron-Ste-Marie, 3 février 1869.

« Attendu qu'il est constant que, durant l'été de 1868, les morceaux de musique désignés dans la citation introductive d'instance du 4 décem-

Il convient donc de bien établir la distinction.

Certes, il ne peut y avoir qu'un avantage et un hon
neur de voir représenter ou exécuter les œuvres des

bre 1868 ont été joués au kiosque du jardin Darralde par l'orchestre que subventionne la commune des Eaux-Bonnes en vue d'y procurer aux promeneurs l'agrément d'un concert public ;

« Que, sans nier le fait qu'attesteraient au besoin les programmes distribués, M. le maire des Eaux-Bonnes croit pouvoir exciper d'une part :

« De ce que ces concerts étaient essentiellement gratuits et en dehors de toute idée de spéculation, l'efficacité curative et le renom universel des Eaux-Bonnes suffisant à y attirer et retenir la clientèle ;

« Attendu, quant au premier moyen, que nul texte de loi n'a restreint l'action dérivant pour leurs auteurs de leur droit de propriété, au cas où c'est dans un but de spéculation qu'a lieu la représentation donnée au public, sans leur consentement, de leurs œuvres littéraires ou musicales ;

« Qu'on ne saurait l'induire qu'autant que la confiscation des recettes prononcée par les diverses lois sur la matière serait la seule sanction pénale édictée, ce qu'on ne peut soutenir en présence de l'amende de 50 à 500 francs qu'y ajoute l'article 428 du code pénal ;

« Que d'ailleurs la pensée du législateur a été non-seulement de protéger les auteurs dans le privilége de l'exploitation de leurs œuvres, mais aussi de proclamer le droit de propriété qu'ils en ont ;

« Qu'on ne saurait en douter après ces paroles du rapporteur de la loi du 19 juillet 1793 : « De toutes les propriétés la moins susceptible de contesta- » tion, c'est sans contredit celle des productions du génie, et si quelque » chose doit étonner, c'est qu'il ait fallu reconnaître cette propriété et assu- » rer son exercice par une loi positive ; »

« Qu'ainsi la disposition d'une propriété littéraire ou musicale, malgré son auteur, n'est pas plus permise que celle de toute autre nature de propriété ;

« Que les restrictions apportées dans l'intérêt général, soit à la durée de la propriété des œuvres de l'esprit, soit au moyen d'en tirer parti, ne leur donnent droit qu'à une protection plus efficace dans le cercle étroit qui leur est assigné ;

« Qu'on objecte vainement dans le cas actuel qu'un compositeur, en faisant éditer et mettre en vente ses œuvres, n'ignore pas qu'il les livre à une circulation publique ;

« Mais que cette circulation, prévue et recherchée même par un auteur comme moyen lucratif de tirer profit de ses œuvres en même temps que d'accroître sa renommée, n'a rien de commun avec l'exécution publique par la société qui a eu lieu dans l'espèce ;

« Que de pareils concerts violent évidemment le droit de propriété des auteurs dont les œuvres figurent aux programmes, tant que l'emprunt de ces œuvres n'est pas autorisé par la société qu'ils ont formée dans le but d'assu-

auteurs dans certains cercles qui sont des émanations artistiques ou littéraires, et personne ne pourra jamais se plaindre des représentations ou exécutions dans des

rer leurs droits ; que l'on y trouve toutes les circonstances caractéristiques de la représentation publique sur un théâtre ou lieu équivalent, et même qu'il s'y ajoute une pensée de spéculation, indirecte, et fort éloignée sans doute de la part de la commune, mais très certaine au moins de la part des musiciens ;

« Que, si les termes de l'action qui est engagée au civil et la compétence du tribunal s'opposent à l'application de l'article 428 du code pénal , le caractère dommageable du fait n'en est pas moins établi ;

« Attendu que, par voie de conséquence, on ne saurait s'arrêter au second moyen d'exception invoqué par M. le maire des Eaux-Bonnes, et que sa mise en cause est justifiée ;

« Qu'il ne saurait disconvenir, en effet, que par l'aide et l'assistance qu'il a sciemment procurées auxdits musiciens, il ne se soit placé vis-à-vis d'eux dans les conditions de la complicité, telle que la définit l'article 60 du code pénal ;

« Que peu importe à ce point de vue que les auteurs principaux aient été laissés de côté, la recherche de la complicité n'étant subordonnée qu'à la preuve du fait qu'elle a facilité, sans aucune solidarité dans la répression entre les complices et les auteurs (V. Dalloz, Complicité, n⁰ˢ 48 et 49) ;

Cour de Dijon. — *5 mars 1860.*

« Qu'il est donc bien certain qu'en se mettant à la tête de l'organisation du concert, Joliet a agi, non pas comme simple particulier, ni comme président de la commission du bureau de bienfaisance, mais comme maire de la ville ;

« Qu'ainsi les appelants ont à bon droit introduit leur action contre la ville de Dijon ;

« Considérant, au fond, qu'il est reconnu que dans le concert du vingt-cinq janvier mil huit cent soixante-huit, le maire a fait exécuter plusieurs œuvres musicales appartenant à la Société des auteurs, compositeurs et éditeurs de musique, sans avoir obtenu le consentement préalable de cette société, et même contrairement à la défense formelle de son représentant ;

Par ces motifs,

« La cour, statuant sur l'appellation émise par la Société des auteurs, compositeurs et éditeurs de musique, du jugement rendu dans la cause par le tribunal civil de Dijon, le huit décembre mil huit cent soixante-huit, et y faisant droit :

« Met ce dont est appel à néant ;

« Réformant, et par nouveau jugement,

« Déclare recevable l'action dirigée par ladite Société contre la ville de Dijon ;

« Condamne Joliet, au nom et comme maire de cette ville, à payer à ladite

réunions de ce genre qui contribuent à développer le goût artistique, qui élèvent l'art et constituent les plus agréables et les plus utiles délassements de l'esprit. Aussi

société la somme de 180 fr. 20 c., à titre de dommages-intérêts, et, en outre, aux dépens des causes principale et d'appel.

Arrêt de la cour impériale de Toulouse, 4 juin 1869.

« Attendu qu'aux termes de l'article 3 de la loi des 13-19 janvier 1791 et de l'article 1er du décret des 19-24 juillet 1793, les œuvres littéraires et artistiques, et spécialement les écrits en tout genre et les compositions de musique, constituent au profit des auteurs une propriété dont nul ne peut user, par la reproduction, sans son consentement ;

« Attendu que l'article 428 du code pénal sanctionne et garantit cette propriété ;

« Attendu qu'une jurisprudence aujourd'hui constante attribue aux termes de ces articles un sens général qui permet d'appliquer la garantie de la loi pénale à toutes les infractions dont les règles de cette propriété peuvent être l'objet ; qu'ainsi ceux qui, accidentellement ou d'une manière permanente, entreprennent de faire jouir le public de la vue ou de l'audition d'œuvres dramatiques ou musicales, sont des entrepreneurs de spectacles dans le sens de cet article ; que sous le nom de théâtre il faut entendre tout lieu public sur lequel une représentation se produit, et sous celui d'ouvrages dramatiques toute œuvre de l'esprit qui est l'objet d'une représentation ;

« Attendu que vainement les premiers juges ont fait ressortir que Champagne n'avait recueilli de son concours à la représentation aucun bénéfice personnel ; qu'en effet, l'atteinte portée à la propriété des auteurs et le préjudice qui peut en résulter pour eux n'ont pas besoin, pour constituer le délit prévu par l'article 428, d'être accompagnés d'un bénéfice personnel pour ceux qui le commettent, et c'est à tort que les premiers juges ont cru pouvoir induire cet élément du délit de ce que l'article 428 prononce la confiscation des recettes, puisque cette peine est nécessairement subordonnée à l'existence d'une recette ; mais que, dans tous les cas, la complicité ne consistant que dans la prestation des moyens qui ont servi à commettre ce délit, l'absence du bénéfice n'en peut affecter le caractère en aucune sorte ;

« Attendu, dès lors, qu'il y a lieu de réformer la décision des premiers juges ;

« Attendu que, le ministère public n'ayant point relevé appel dans l'intérêt de la vindicte publique, la cour ne peut statuer aujourd'hui que sur les dommages-intérêts demandés par les plaignants ;

« Attendu que le fait seul de la représentation des œuvres littéraires et musicales, qui sont la propriété des plaignants, sans leur consentement, a été pour eux une cause de dommages dont la réparation leur est due ;

« Par ces motifs,

« La cour condamne.

ne rentrera-t-il jamais dans l'intention des auteurs d'interdire la représentation ou l'exécution de leurs œuvres dans de pareilles conditions. L'expérience prouve, au

Arrêt de la cour impériale de Douai jugeant correctionnellement, du 28 juin 1869.

..... La cause fixée à l'audience du 28 juin 1869 a été appelée à l'audience publique de ce jour. M. le conseiller Mardouin a fait le rapport de l'affaire et donné lecture des pièces de la procédure, notamment du jugement susrappelé, lequel est ainsi conçu : Attendu que, d'après le système d'association du cercle dit : Cercle Beethoven, il y a faculté d'avoir des invités aux séances et en outre celle de présentation des étrangers de passage ; que la latitude illimitée de ces droits imprime à la réunion Beethoven un caractère de publicité qui l'assujétit aux prescriptions des lois sur la matière ; qu'ainsi qu'il a été plus amplement énoncé au jugement du 8 janvier 1862, la gratuité des séances n'exclut pas l'obligation de s'entendre avec les auteurs vivants ou les héritiers des auteurs dont on veut reproduire les œuvres, le nombre des assistants habituels et le mouvement éventuel et périodique des autres auditeurs devant nécessairement diminuer dans une progression rapide l'attrait et la nouveauté de ces œuvres ; — attendu d'ailleurs que les membres du Cercle ne dénient pas avoir, dans leur séance du 7 novembre 1868, exécuté et fait entendre une mélodie de Henri Réber, intitulée *le Jardin ;* attendu que le préjudice causé à ce dernier peut être évalué à 15 francs et qu'il existe des circonstances atténuantes en faveur de Guilmant, inculpé ; le tribunal faisant droit tant sur les conclusions de la partie civile que sur les réquisitions du ministère public, déclare Guilmant, président du Cercle Beethoven, coupable d'avoir, sans l'autorisation de Réber, fait exécuter un morceau de musique de la composition de ce dernier, avec circonstances atténuantes ; vu les articles 3 du décret du 13 janvier 1791, 428, 463 du code pénal, 194 du code d'instruction criminelle, condamne Guilmant ès nom à 5 francs d'amende par corps, à 15 francs de dommages-intérêts aussi par corps, et aux frais ;

Attendu qu'il est inutile de rechercher si des étrangers assistaient réellement à la réunion du 7 octobre 1868; que les séances du Cercle Beethoven ont de leur nature et par la constitution même de la société, la publicité exigée par la loi ;

La cour,

Condamne, etc.

Jugement du tribunal de Nancy, du 3 juin 1869.

Attendu que de cet ensemble de faits il résulte que c'est bien la ville qui, par l'intermédiaire de la municipalité, a pris l'initiative de la fête du 24 janvier 1868 ; que, sans doute, elle s'est fait aider par un certain nombre de citoyens très connus dans la société nancéenne, et s'est servie d'eux comme d'un moyen pour recueillir le plus d'adhésions possible et réaliser, de la sorte,

contraire, qu'en pareille occurrence ils font toujours preuve du plus grand désintéressement. Chacun sait, d'ailleurs, que les auteurs, les artistes, sont bien plus ani-

un plus grand bénéfice au profit des pauvres de la cité ; mais que le rôle de ces personnes ne s'en est pas moins borné à celui de simples auxiliaires dans l'accomplissement de l'œuvre que la ville a commencée et poursuivie, et dont elle a entendu conserver jusqu'au bout la direction ;

« Attendu, sous ce rapport, que divers textes de lois ont reconnu le principe de la propriété littéraire et artistique ; que notamment, aux termes de l'article 3 du décret du 19 janvier 1791, les ouvrages des auteurs vivants ne peuvent être représentés sur aucun théâtre public, en France, sans le consentement écrit de ces auteurs, sous peine de confiscation du produit total des représentations ; qu'aux termes de l'article 428 du code pénal, tout entrepreneur de spectacle qui aura fait représenter sur un théâtre des ouvrages au mépris des règlements relatifs à la propriété dont s'agit, sera frappé d'amende et de confiscation des recettes, etc. ;

« Attendu que ces sanctions pénales n'excluent pas la sanction civile dans la mesure qui lui est propre ; que, d'ailleurs, les textes précités s'appliquent, par leur généralité même, à tout ce qui est produit de l'esprit, quels qu'en soient la nature, le mérite ou l'étendue, qu'il s'agisse soit d'une œuvre musicale considérable, soit d'une simple composition légère, telle qu'un air avec ou sans paroles, une valse, un quadrille, etc., d'où il suit que l'auteur d'une composition, quelle qu'elle soit, sera fondé à s'opposer à l'usurpation totale ou partielle de son œuvre, et à demander au tribunal la réparation civile de cette usurpation, sous les conditions ci-dessus exprimées, à savoir qu'il s'agira :

« 1° D'une entreprise théâtrale ;

« 2° D'une représentation publique ;

Sur le premier point :

« Attendu que le législateur, une fois le principe de la propriété littéraire et artistique admis, devait assurer la protection la plus large aux auteurs ; que c'est évidemment pour ce motif qu'il n'a fait de distinction ni entre les entrepreneurs, ni entre les entreprises, ni entre les buts divers poursuivis par celles-ci ; qu'on peut être entrepreneur aussi bien accidentellement que par habitude, et que ce qui caractérise exclusivement l'entreprise, c'est le but que l'on poursuit, et qui consiste à réaliser un gain soit pour soi-même, soit dans l'intérêt d'autrui, gain dont il est juste et naturel que l'auteur de l'œuvre représentée touche une partie ;

« Attendu que c'est en s'inspirant du même esprit que le mot « théâtre » doit être interprété dans ce sens le plus étendu, et signifier « tout lieu où une représentation est offerte à un public payant ; » qu'au reste, c'est ainsi que

més par l'intérêt de l'art qu'ils cultivent que par la connaissance des affaires ou les préoccupations d'intérêt.

Cependant il peut être utile, nécessaire même, que

l'ont décidé les circulaires administratives et les documents judiciaires produits aux débats ;

« Attendu qu'il suffit, dès lors, que la ville, en donnant une fête dansante, ait voulu réaliser un gain, et l'ait en effet réalisé, peu importe dans l'intérêt de qui, pour qu'elle doive être considérée comme ayant fait, le 24 janvier 1868, une entreprise théâtrale ;

Sur le second point :

« Attendu que, si l'on a dénié à la fête dont s'agit le caractère de représentation proprement dite, parce qu'on y aurait convié, non pas pour entendre de la musique, mais seulement pour danser ou pour jouir du spectacle du bal, cette objection n'a rien de sérieux ; qu'en effet, la musique formant un élément nécessaire de tout bal, il s'ensuit que la représentation d'une fête dansante comprend tout aussi bien l'élément musical que celui de la danse ; qu'il reste, dès lors, à examiner s'il y a eu publicité ;

« Attendu que de cet ensemble de faits, il résulte que la fête du 24 janvier 1868 a eu un caractère essentiellement public ;

« Attendu qu'on objecte, il est vrai, que les listes de souscriptions ont été présentées non pas chez tous les habitants de la ville, mais chez un certain nombre seulement ; qu'en outre, les cartes d'entrée ont été rigoureusement personnelles, et que ce serait là des circonstances constitutives d'un bal privé ;

« Attendu que, en un mot, le bal a eu un caractère de publicité non pas absolue comme celui de la rue, ce qui n'est pas nécessaire, mais relative, ce qui suffit pour soumettre la représentation dont s'agit aux règles édictées par le décret de 1791, d'où il suit que la demande du Syndicat des Compositeurs de musique est aussi bien fondée qu'elle est recevable ;

« Attendu que le tribunal a tous les éléments pour évaluer, dès à présent, le préjudice souffert, et qu'il croit faire bonne justice en condamnant la ville au paiement de la somme de 200 francs pour tous dommages-intérêts.

Cour d'Aix, 6 avril 1881.

« Attendu qu'il est reconnu par Jullian ; que le cercle du *Réveil* est composé de 83 membres, qu'il a été délivré à chacun d'eux, des cartes particulières ; qu'en outre, il leur a été remis d'autres cartes destinées soit à leur famille, soit à des amis, portant, sauf quelques rares exceptions, le nom d'invités ; qué, par suite, le nombre des auditeurs ayant assisté au concert, s'est élevé à 200 personnes environ ;

« Qu'il a été décidé par la jurisprudence qu'il importait peu que la représen-

les auteurs puissent intervenir dans les représentations
ou exécutions organisées par les cercles ou sociétés et
qui, par la composition même de ces réunions, par le

tation ou exécution, si elle avait été publique, eût été effectuée gratuitement;

« Attendu que, d'après la loi de 1791 et l'article 428 du code pénal sainement interprétés, la protection accordée à la propriété musicale ou artistique
ne s'arrête que devant l'inviolabilité du domicile ;

« Que, si le local d'un cercle peut être considéré comme un lieu privé, on
ne saurait admettre qu'il jouit de toutes les immunités attachées au domicile
d'un particulier ;

« Qu'un concert donné par la collectivité qui le constitue ne peut être complètement assimilé à une fête de même nature renfermée dans l'enceinte justement privilégiée du foyer domestique ;

« Que lorsqu'il est offert à des invités qui viennent s'adjoindre en grand
nombre à ses membres, il revêt, par cela même, un caractère de publicité
suffisant pour motiver l'application de l'article 428 du code pénal ;

« Dit que Jullian, en sa qualité de président du cercle *le Réveil* a contre-
venu à la disposition de l'article du code pénal qui lui défendait de
faire chanter dans un concert public des morceaux de musique non tombés
dans le domaine public, sans l'autorisation des auteurs ou compositeurs ;

« Le condamne, de plus, aux dépens de première instance et d'appel
exposés par les parties civiles. »

Cour de cassation de France, 1er avril 1882.

Lᴀ ᴄᴏᴜʀ :

« Ouï M. le conseiller de Louverade en son rapport ;

« Mᵉ Hérisson, avocat du sieur Jullian :

« Mᵉ Aguillon, avocat de la Société des auteurs, éditeurs et compositeurs
de musique, en leurs observations, et M. l'avocat-général Ronjat, en ses
conclusions ;

« Vu les articles 3 de la loi des 13-19 janvier 1791, 428 et 429 du
code pénal :

« Sur le moyen unique, pris de la fausse application des articles sus-visés,
en ce que l'arrêt attaqué aurait à tort considéré comme publique la représentation d'œuvres musicales donnée par les membres d'un cercle dans le local
de leurs réunions :

« Attendu qu'aux termes de la loi des 3-19 janvier 1791, les ouvrages des
auteurs vivants ne peuvent être représentés sur aucun théâtre public, sans le
consentement formel et par écrit de ces auteurs; que, d'autre part, l'article
428 du code pénal punit d'une amende, et, s'il y a lieu, de la confiscation
des recettes, tout directeur, tout entrepreneur de spectacles; toute association d'artistes qui aura fait représenter sur son théâtre des ouvrages dramatiques, au mépris des lois ou règlements relatifs à la propriété des auteurs ;

grand nombre des auditeurs, constituent, en réalité, des représentations ou exécutions publiques ou quasi-publiques.

qu'il importe peu, du reste, que la représentatiou ait eu lieu ou non sur un théâtre proprement dit, ou qu'elle ait été gratuite ; qu'il suffit, pour donner lieu à l'application de l'article 428 précité, qu'il y ait, même accidentellement, exécution publique, sans le consentement des auteurs ou de leurs ayants-droit, d'œuvres littéraires ou musicales non tombées dans le domaine public ;

« Attendu qu'il appartient à la cour de cassation de vérifier, au vu des faits constatés par les juges d'appel, si la représentation a eu un caractère public ou privé ;

« Attendu qu'il résulte de l'arrêt attaqué que, le 7 novembre 1880, le cercle *le Réveil*, établi à Marseille, quartier d'Endoume, a fait exécuter dans la salle de ses réunions diverses compositions musicales, sans le consentement préalable des auteurs ; qu'à cette représentation assistaient non-seulement les sociétaires, au nombre de 83, mais encore des membres de leurs familles et plusieurs de leurs amis, presque tous nominativmeent invités ;

« Attendu qu'en admettant que le local d'un cercle autorisé doive être considéré comme un lieu privé, on ne saurait aller jusqu'à reconnaître qu'il jouit des priviléges attachés à l'intimité du domicile d'un particulier ; que, s'il est possible, notamment, d'attribuer un caractèie privé aux concerts ou représentations théâtrales organisés par un cercle dans un but de distraction ou de bienfaisance, c'est à la condition que ces fêtes littéraires ou musicales auront été offertes aux seuls sociétaires, mais que de telles représentations prennent un caractère incontestable de publicité lorsqu'elles sont données en présence, non-seulement des sociétaires, mais encore des personnes qui, quoique nominativement invitées, ne font partie du cercle à aucun titre, et n'ont le plus souvent, soit entre elles, soit avec la plupart des sociétaires, aucun lien de relation habituelle ; que, décider autrement, ce serait méconnaître l'esprit de la loi de 1791, et abandonner la propriété littéraire ou artistique à la merci des nombreuses sociétés qui, sous le nom de cercles ou de clubs, sont établis sur tous les points du territoire.

Cour de cassation de France, du 28 janvier 1881.

« Sur le premier moyen, pris de ce que l'arrêt attaqué aurait attribué le caractère de représentation privée à une représentation publique d'œuvres musicales :

« Attendu qu'aux termes de la loi des 13-19 janvier 1791, les ouvrages des auteurs vivants ne peuvent être représentés sur aucun théâtre public, sans le consentement formel et par écrit de ces auteurs ; que, d'autre part, l'article 428 du code pénal punit d'une amende et, s'il y a lieu, de la confisca-

Dans certains cas, un auteur peut avoir un réel intérêt à empêcher que, dans des circonstances déterminées, on ne mutile ou ne dénature son œuvre, et que l'on porte ainsi atteinte à sa réputation et à ses intérêts.

tion des recettes, tout directeur, tout entrepreneur de spectacles, toute association d'artistes qui aura fait représenter sur son théâtre des ouvrages dramatiques, au mépris des lois et règlements relatifs à la propriété des auteurs ;

« Qu'il importe peu, du reste, que la représentation ait eu lieu ou non sur un théâtre public, proprement dit, ou qu'elle ait été gratuite; qu'il suffit, pour donner lieu à l'application de l'article 428 précité, qu'il y ait eu, même accidentellement, exécution publique, sans le consentement des auteurs ou de leurs ayants droit, d'œuvres littéraires ou musicales non tombées dans le domaine public;

« Attendu qu'en admettant que le local d'un cercle autorisé ou d'une société de secours mutuels régulièrement approuvée doive être considérée comme un lieu privé, on ne saurait aller jusqu'à reconnaître, avec les juges du fait, qu'il jouit des priviléges attachés à l'intimité du domicile d'un parculier;

« Attendu, en conséquence, que le bureau du cercle l'Union commerciale, ayant admis à la représentation du 25 octobre 1879, non-seulement les membres de la société, mais encore les familles et les patrons des sociétaires, a donné une véritable représentation publique rentrant dans les termes des articles 3 de la loi des 13-19 janvier 1791 et 428 du code pénal ;

« Par ces motifs,

« Casse et annule, etc., et renvoie devant la cour d'appel d'Amiens

« Le 7 mai 1881, cette cour a adopté entièrement la doctrine de la cour de cassation.

Arrêt de la cour de cassation de France, du 21 juillet 1881.

« La cour :

« Ouï M. le conseiller de Larouverade en son rapport; Me Aguillon, avocat des demandeurs, Me Chambaraud, avocat du défendeur, et M. l'avocat général Petiton;

« Vu les articles 5 de la loi des 13-19 janvier 1791 et 428 du code pénal ;

« Sur le moyen pris de la violation des articles sus-visés, en droit :

« Attendu qu'aux termes de la loi des 13 et 19 janvier 1791, les ouvrages des auteurs vivants ne peuvent être représentés sur aucun théâtre public, sans le consentement formel et par écrit de ces auteurs ; que, d'autre part, l'article 428 du code pénal punit d'une amende correctionnelle et, s'il y a lieu, de la confiscation des recettes, tout directeur, tout entrepreneur de spectacles, toute association d'artistes qui aura fait représenter sur son

Ceux qui avaient intérêt à envahir la propriété des auteurs leur ont de tout temps reproché de ne pas se contenter de la gloire.

théâtre les ouvrages précités, au mépris des lois et règlements relatifs à la propriété des auteurs ;

« Qu'il importe peu que la représentation ait eu lieu ou non sur un théâtre proprement dit ; qu'il suffit, pour justifier l'application de l'article 428 du code pénal, qu'il y ait eu, même accidentellement, exécution publique, sans le consentement des ayants droit, d'une œuvre littéraire ou musicale quelconque, appartenant au domaine privé. »

Cour d'appel de Paris, du 13 mars 1883.

La cour :

« Considérant qu'il résulte de l'instruction et des débats, que le 18 fév. 1880, à Troyes, l'association dite *Cercle du commerce* a fait exécuter, dans le local de ses réunions ordinaires, plusieurs compositions musicales, sans avoir obtenu l'autorisation préalable des plaignants, dont ces compositions étaient la propriété ;

« Considérant que Damoiseau, à cette époque, était le président de l'association ; qu'en cette qualité il a coopéré à l'organisation de la réunion extraordinaire du 18 février, à laquelle il a apporté le concours de son initiative personnelle ; qu'ainsi il en a été le directeur ou l'un des directeurs, dans le sens 428 du code pénal ;

« Considérant qu'il est établi, en outre, et non méconnu par Damoiseau lui-même que la réunion dont s'agit a été organisée au moyen d'une souscription de 15 à 20 francs versée par chacun des associés, et que chacun de ceux-ci a pu, en échange de sa souscription, obtenir deux invitations pour des personnes de son choix, étrangères à l'association ;

« Considérant que les personnes ainsi invitées ont été effectivement admises en grand nombre dans la réunion ;

« Considérant que, si les priviléges de l'inviolabilité du domicile s'opposent, en principe, à ce que les auteurs ou compositeurs poursuivent les revendications lorsque leurs œuvres sont représentées ou exécutées dans l'intimité d'une réunion privée, il n'en est pas de même lorsque la reproduction ou l'exécution a reçu une publicité de fait dont il appartient aux tribunaux de constater l'existence ;

« Considérant que, s'il est vrai que le local d'un cercle soit un lieu privé et que l'exécution d'œuvres musicales y conserve généralement un caractère privé, c'est à la condition que l'entrée de la réunion soit réservée aux seuls membres de l'association ; mais qu'il en est autrement lorsque, comme dans l'espèce, l'exécution a lieu en présence non-seulement des sociétaires, mais encore de nombreuses personnes qui, quoique nominativement invitées, ne

Beaumarchais leur répondait avec infiniment d'esprit
en 1780 :
« On dit aux foyers des théâtres qu'il n'est pas noble

font partie du cercle à aucun titre et n'ont le plus souvent, soit entre elles,
soit avec la plupart des sociétaires, aucun lien de relations habituelles ;

« Que, dans ce cas, l'exécution prend un caractère public dans le sens de
l'article 3 de la loi des 13 et 19 janvier 1791; d'où il suit que Damoiseau, en
ne se munissant pas de l'autorisation des plaignants, a commis, dans l'espèce,
le délit prévu et réprimé par les articles 3 de la loi des 13 et 19 janvier 1791
et 428 du code pénal.

    Tribunal correctionnel de Besançon, 12 janvier 1883.
        Le tribunal,

« Attendu que, comme tous propriétaires, les auteurs ont sur leurs œuvres
littéraires ou lyriques un droit absolu; que spécialement, aux termes
de l'article 3 de la loi des 13-19 janvier 1791, leurs ouvrages ne peuvent être
représentés sur aucun théâtre public, sans leur consentement formel et par
écrit; que l'article 428 du code pénal a mis à ce droit une sanction ;

« Attendu que l'expression *théâtre public* s'applique à tout lieu dans
lequel est donnée une représentation d'œuvres dramatiques et musicales, en
présence d'assistants nombreux, dont la réunion ne s'explique que par
l'attrait du spectacle; qu'en conséquence, la prohibition n'atteint pas
les exécutions ou représentations données au domicile d'un simple particulier, ni même celles données dans les salles d'un cercle, en présence
des seuls sociétaires; que ceux-ci, en effet, doivent être considérés comme
étant chez eux, lorsqu'ils sont seuls assemblés au lieu ordinaire de leurs
réunions; — mais que cette fiction cesse quand des étrangers sont introduits
en nombre suffisant, et surtout quand ils forment là majorité des spectateurs;
— que, dès lors, la réunion prend un caractère de publicité qui rend indispensable le consentement formel et par écrit des auteurs, lesquels sont libres
de n'accorder leur autorisation qu'aux conditions qu'il leur plaît d'établir, la
loi n'ayant fait aucune restriction à ce sujet, et ayant laissé à toutes parties
le soin de traiter au mieux de leurs intérêts ou de leurs convenances; —
qu'il ne suffit pas d'offrir ou de payer une redevance égale ou même
supérieure à celle habituellement exigée; qu'aux auteurs seuls appartient le
droit de taxer cette redevance, s'ils n'aiment mieux refuser arbitrairement
leur autorisation ;

« Attendu que, le 22 mai 1882, Madame Baudin a donné dans la salle du
Cercle catholique ouvrier de St-Joseph, à Besançon, une soirée musicale où
ont été exécutées diverses œuvres qui sont la propriété des demandeurs; que
ladite soirée a été donnée avec le consentement de MM. Lesvignes, de
Jouffroy, Bonvalot, en leurs qualités de président, directeur et administra-
teur dudit cercle; que le concert ainsi organisé a eu lieu en présence d'une

» aux auteurs de plaider pour le vil intérêt, eux qui se
» piquent de prétendre à la gloire ; on a raison, la
» gloire est attrayante ; mais on oublie que, pour en
» jouir seulement une année, la nature nous condamne
» à dîner 365 fois ; et si le guerrier, le magistrat ne
» rougissent pas de recueillir le noble salaire dû à
» leurs services, pourquoi l'amant des Muses, incessam-
» ment obligé de compter avec le boulanger, néglige-
» rait-il de compter avec les comédiens ? »

Dans une conférence très intéressante donnée par
M. René de Maertelaere au Jeune Barreau d'Anvers, le
6 novembre 1876, il disait avec non moins de raison :

« Je ne puis, Messieurs, m'élever assez contre ce
» reproche de matérialisme adressé à nos écrivains et à
» nos artistes modernes. Préférerait-on peut-être la
» situation réellement servile et indigne d'un homme,
» dans laquelle tant d'écrivains des siècles derniers se
» sont placés, à l'indépendance que peut leur assurer

nombreuse assistance composée, non pas seulement des sociétaires du cercle,
mais de beaucoup d'autres personnes étrangères venues ensuite d'invitations
dont le chiffre s'est élevé à plusieurs centaines ; que, dans de telles conditions,
la représentation a été publique ;

« Attendu cependant qu'à la date du 22 mai 1882, la Société des auteurs
avait notifié aux directeurs du Cercle catholique la défense expresse de laisser ou faire exécuter le répertoire social dans la salle du cercle, comme aussi
de louer ou prêter cette salle à des artistes ; qu'en outre, cette interdiction a
été portée à la connaissance de Mme Baudin, qui le reconnaît ;

« Attendu que, si l'on peut regretter que, pour un concert donné dans un
but aussi louable, en face des démarches et des offres de paiement que
Mme Baudin a faites, dans toutes les limites du possible, la Société des
auteurs n'ait pas cru devoir accorder son consentement, il n'en faut pas
moins reconnaître que ladite Société n'a fait qu'user de son droit et, qu'en
méconnaissant ce droit, les défenseurs ont commis le délit prévu et puni par
l'article 428 du code pénal.

« Par ces motifs :

« Condamne, etc.

» notre société moderne en leur garantissant la juste
» récompense de leur travail? La protection d'un grand
» seigneur, d'un prince même, n'est-elle pas toujours
» humiliante, et ces hommes éclairés que le besoin et
» la crainte de perdre leur privilége forçaient à y recou-
» rir, ne devaient-ils pas, plus que tout autre, sentir
» l'atteinte portée à leur dignité? Les prétentions ac-
» tuelles des littérateurs et des artistes, loin de les
» abaisser, tendent à les relever en leur assurant l'indé-
» pendance qui est la véritable force de l'homme. « Les
» artistes, » disait M. Jules Simon au congrès artistique
» d'Anvers, « ne peuvent vivre que de leurs œuvres ;
» si on leur refuse la propriété que leur assure la valeur
» de ces œuvres, on les réduit à demander les moyens
» de vivre aux gouvernements et aux grands seigneurs;
» ils demandent à être propriétaires pour n'être pas
» exposés à devenir des courtisans et des flatteurs. Au
» fond de la question de propriété il y a une question
» d'indépendance. »

» A quoi tendent donc les récriminations des auteurs
» et des artistes ? Tout simplement à ce qu'ils puissent
» vivre du fruit de leur travail, et loin de voir en cela
» quelque chose d'avilissant pour eux, je n'hésite pas à
» dire que le génie, en se soumettant à la loi universelle
» du travail, s'ennoblit, et qu'il n'est que juste qu'il
» obtienne dès lors les prérogatives attachées à cette
» noblesse, c'est-à-dire les moyens de vivre et de vivre
» indépendant. »

Dans une circonstance récente, à l'occasion du congrès de Londres, le même écrivain, M. Jules Simon,
adressait, le 11 juin 1879, au président du congrès une
remarquable lettre dont nous extrayons ce qui suit :

« Assurément, la vérité n'appartient à personne, pas
» même à celui qui l'a découverte, mais le livre appar-
» tient à celui qui l'a fait. Le travail qui emploie la plus.
» grande force et la plus grande quantité de force, c'est le
» travail intellectuel ; le fondement le plus sacré de la pro-
» priété, c'est le travail ; le caractère le plus essentiel de la
» propriété, c'est l'hérédité. Loin donc qu'on nous fasse
» une grâce en assurant une si longue durée à la pro-
» priété de nos œuvres pour nos héritiers, c'est nous qui
» faisons une grâce à la société en n'exigeant pas que cette
» grâce soit indéfinie. On nous reproche de penser au
» lucre. En quoi ce reproche pèse-t-il sur nous plus
» particulièrement que sur les autres producteurs? La
» double loi de la vie est de vivre pour travailler et de
» travailler pour vivre. Nous avons le droit de dire que
» l'intérêt de la société se confond avec le nôtre, car nous
» sommes chargés de l'éclairer, de la guider, et de lui
» donner de nobles jouissances. Pour que cette mission
» soit remplie, il importe de donner aux gens de lettres,
» non pas la richesse, mais l'indépendance et la
» dignité. »

En défendant leur bien, les auteurs garantissent les
droits de la famille et assurent ceux de leurs héritiers.
(Voir p. 165).

A côté du produit matériel, il y a l'intérêt moral, qui
est aussi le bien de l'auteur et qui doit permettre à
celui-ci d'empêcher qu'on ne représente son œuvre sans
soin, ou qu'on ne la déshonore par une interprétation
déplorable.

Dès lors, on conçoit qu'il ne peut être permis à des
sociétés quelconques, d'offrir ainsi, dans leurs locaux,
des représentations, des exécutions organisées au grand

préjudice de l'art autant qu'au détriment des auteurs.

Que l'on songe aux conséquences de ce système, dans un pays comme la Belgique, qui compte des milliers de sociétés dramatiques, d'agrément, de fanfares, de chœurs, etc., organisant des représentations, des fêtes, auxquelles le public est convié, et qui pourraient se couvrir des immunités du domicile privé pour se dérober aux légitimes revendications des auteurs.

Il est évident que, si un semblable état de choses pouvait s'établir, on reprocherait à la Belgique, après avoir été le grand atelier de la contrefaçon au point de vue de la librairie jusqu'en 1852, de constituer, au grand détriment de l'art et des auteurs, un centre de reproduction clandestine, au point de vue de la représentation des ouvrages dramatiques ou de l'exécution des œuvres musicales.

D'autre part, il peut convenir à une individualité ou à une association, de vouloir « tomber » une pièce pour nuire à un auteur ou pour porter atteinte à la fortune d'un directeur qui compte sur les représentations d'un ouvrage déterminé.

Cela s'est vu et cela se rencontre encore quelquefois. On organise rapidement une représentation avec tous les éléments que l'on peut réunir, et, à grand renfort de réclames et d'affiches, on convie le public à une exhibition dans laquelle on ridiculise l'œuvre ou l'auteur; on mutile, on déflore l'ouvrage, ou bien on simule une représentation sérieuse et, par une interprétation intentionnellement mauvaise, diamétralement contraire à celle qui a été prévue, on fait « tomber » un ouvrage et l'on porte une atteinte grave à l'honneur, à la considération de l'auteur.

Nous pourrions indiquer des exemples de ce fait.

Nous pourrions encore citer une ville de Belgique dans laquelle une société composée de quelques « amateurs » (*sic*) et des débris de troupes nomades, organise, chaque dimanche, des représentations d'ouvrages dramatiques et musicaux. Aucun droit d'entrée n'est perçu, mais les abonnés, les sociétaires, moyennant une cotisation mensuelle ou annuelle, peuvent amener, chaque dimanche, un ou deux invités.

Et l'on soutiendrait que ce sont là des réunions intimes ou privées, qui doivent jouir des immunités attachées au foyer domestique?

Dans une autre ville de Belgique, une société privée organise, chaque dimanche, des réunions destinées à « moraliser » le peuple, qui est convié gratuitement à ces «fêtes de l'intelligence». On y représente des pièces de théâtre et, sous prétexte de moralité, on remplace les femmes par des hommes, on change les textes, le sujet.

Et l'on soutiendra que ce sont là des réunions intimes, assimilées au domicile des particuliers?

Cela ne peut être sérieusement soutenu.

C'est la publicité qui donne ouverture au droit d'auteur, dans le cas qui nous occupe.

Le principe que nous soutenons a été admis par le législateur belge, dans le nouveau code pénal de 1867. Il a assimilé l'intérieur d'un cercle à une réunion publique au point de vue de la calomnie. La cour de cassation a récemment consacré ce système, en l'étendant à une séance du conseil d'administration d'une société particulière qui a été considérée comme une réunion publique (1).

(1) Cassation, 12 décembre 1881, *Belg. jud.*, 82, p. 313 ; *Pasicr.*, 82, I, 10, annulant Bruxelles, 21 juin 1881 (aff. Deblois c. Rentiers).

C'est le même principe que nous appliquons aux auteurs.

Il est incontestable qu'il peut y avoir, dans un cas donné, une véritable lésion du droit et une cause de dommage dans des représentations illicites placées sous les auspices d'un cercle, devant un auditoire nombreux et payant. Cependant il n'y a pas en cause des intérêts contradictoires. Ici encore les intérêts des auteurs sont d'accord avec ceux des associations qui réclament les productions de l'intelligence pour organiser des délassements littéraires ou artistiques.

C'est l'intérêt littéraire et artistique qui est en cause, plus encore que le souci du produit mercantile. C'est à ce point de vue que les législateurs de 1791 et de 1810 se sont placés. C'est le même esprit qui a animé les cours et tribunaux chargés d'apprécier la loi, et c'est dans une juste pondération du droit des auteurs et de l'intérêt de ceux qui exploitent leurs œuvres qu'il faut chercher la formule d'un accord.

Il ne faut pas non plus qu'une ingérence tracassière vienne gêner, contrecarrer les cercles, les sociétés qui veulent procurer à leurs membres des distractions intellectuelles. Cette difficulté pourrait être évitée par un forfait, un abonnement, conclu au nom de sociétés d'auteurs et compositeurs, et qui, après avoir été librement et contradictoirement débattu, concilie les droits des auteurs, sauvegarde leurs intérêts et accorde aux sociétés et aux cercles les moyens de puiser dans un répertoire infini.

Il faut, en cette matière plus qu'en aucune autre, apporter une modération, et une sagesse qui fassent aimer et respecter « la plus sacrée et la plus légitime des propriétés ».

TROISIÈME PARTIE

LÉGISLATION COMMUNE AUX AUTEURS ET AUX COMPOSITEURS NATIONAUX ET ÉTRANGERS

CHAPITRE PREMIER

HISTORIQUE DU DÉCRET DU 21 OCTOBRE 1830

Nous avons exposé historiquement et juridiquement qu'en Belgique les droits des auteurs peuvent s'exercer sur leurs ouvrages dramatiques, et ceux des compositeurs, sur leurs œuvres musicales.

Il nous reste à démontrer, d'une part, que toutes les dispositions légales que nous avons relevées, et qui sont éparses dans nos lois, n'auraient plus de portée et, d'autre part, que les conventions internationales faites, par la Belgique, avec tous les États européens seraient radicalement inutiles, au point de vue des œuvres dramatiques et musicales, si le décret du 21 octobre 1830 avait reçu sa véritable application et l'interprétation conforme à la pensée de ses auteurs.

Cette thèse est hardie, certes, elle surprendra, mais nous ne la produisons qu'après de longues réflexions et de laborieuses et persévérantes études de la question.

Nous soutenons donc que la justice a erré, quant à l'application qui a été faite du décret du 21 octobre 1830, et que tous les gouvernements qui se sont succédé jusqu'à ce jour, ont mal compris, mal apprécié le décret de 1830 quand ils ont conclu les traités internationaux pour la garantie réciproque des ouvrages dramatiques et musicaux.

C'est cette démonstration que nous allons entreprendre.

Il est bien évident que le constituant de 1830 était préoccupé de l'importance du théâtre, ce puissant moyen d'éducation nationale, et par ses décrets des 16 octobre sur la liberté de la presse et 21 octobre sur la liberté des théâtres, il a eu en vue l'émancipation complète de la pensée par la presse et par le théâtre.

Il est donc bien certain qu'il faut, dans l'interprétation de ces décrets, s'inspirer des idées élevées et des sentiments généreux qui animaient le constituant belge et dont nous retrouvons le souffle dans ces remarquables décrets qui ont servi de base à la constitution la plus large et la plus libérale qui ait vu le jour jusqu'ici.

Cependant, nous devons constater que, dans la matière qui nous occupe, le constituant belge n'a en rien innové; il s'est borné à reproduire les lois antérieures (1) et, dès lors, il convient de prendre l'esprit, en même temps que les termes des dispositions légales empruntées à la révolution française.

———

(1) Justice de Paix d'Ixelles. — *18 février 1853.*
Louis Hymans contre Juvisy.

« Considérant que, s'il pouvait être soutenu que les lois et les décrets précités (1791-1793) n'ont pas force de loi en Belgique, l'arrêté du gouvernement provisoire du 21 octobre 1830, qui n'est en grande partie que la reproduction de la loi du 13 janvier 1791, serait venu combler cette lacune légale pour notre pays. »

Justice de Paix de Bruxelles. — *7 janvier 1854.*
Van Peene contre Leytens.

« Attendu que le gouvernement provisoire belge a reproduit textuellement à l'article 4 de l'arrêté-loi du 21 octobre 1830 la disposition de l'article 3 de la loi des 13-19 janvier 1791 ; que par suite il faut nécessairement en conclure que cette disposition avait pour but non seulement d'autoriser la libre érection des théâtres, mais encore de garantir aux auteurs les fruits de leur travail de la manière qui leur était garantie sous l'empire de la loi du 13-19 janvier 1791. »

CHAPITRE II

Il est impossible d'admettre que les auteurs du décret du 21 octobre 1830 aient repris les décrets de 1791 et 1793, dont nous avons exposé les principes magnanimes, qu'ils en aient aussi reproduit le texte, sans s'inspirer, en même temps, de l'esprit qui les animait.

Il serait déraisonnable aussi de prétendre que la portée et le but du décret du 21 octobre 1830 auraient été de supprimer, de réduire les avantages résultant de la législation antérieure.

La raison et la vérité historique protestent contre une semblable interprétation.

Le théâtre a joué un rôle trop important dans les faits qui ont amené la révolution de 1830 pour que nos législateurs n'aient pas apprécié ce précieux instrument de vulgarisation et de propagande. La preuve qu'ils ont voulu faciliter et développer la liberté des théâtres se retrouve dans le préambule même du décret.

C'est sous l'impulsion des idées émancipatrices qui ont provoqué l'indépendance de la Belgique, que le constituant de 1830 a cédé lui aussi à cette attraction invincible (1).

C'est dans l'application qui a été faite, qu'une inter-

(1) « La révolution se consomma. Parmi les libertés qui devaient s'asseoir au pied de la colonne élevée au congrès, figurait, en première ligne, la liberté de la presse : tous les partis étaient d'accord pour la réclamer. Ainsi, l'un des premiers actes de la révolution fut l'arrêté du gouvernement provisoire du 16 octobre 1830 qui proclama de la manière la plus absolue le droit pour chacun de propager ses opinions à l'aide de la presse, arrêté qui fut complété par celui du 21 octobre sur la liberté du théâtre. »

Schuermans. *Code de la presse.*

« Le but du gouvernement provisoire est donc l'affranchissement complet du domaine de l'intelligence, considérant que le domaine de l'intelligence est essentiellement libre. C'est le domaine naturel de l'homme qui doit être affranchi par essence, c'est attenter à la liberté, à la raison que d'y apporter des entraves quelconques. Il importe donc de faire disparaître, à jamais, toutes les entraves par lesquelles «le pouvoir a jusqu'ici enchaîné la pensée dans son expression, sa marche et ses développements. »

» Remarquez la largeur des termes, car nous aurons à rencontrer une objection, à savoir, qu'il ne s'agirait que de la presse.

» Les termes employés par l'arrêté vont faire disparaître les entraves qui ont eu pour but d'enchaîner la pensée.

Ce que l'on veut donc c'est la liberté de la pensée, quelle que soit sa forme, la manière de l'exprimer, le procédé employé pour faciliter l'intelligence et la marche de la pensée.

» On veut qu'elle soit libre dans tous ses développements, dans toutes ses manifestations.

» Voilà le but et c'est pour l'étendre qu'on nous donne la liberté de répandre nos opinions par tous les moyens possibles de persuasion et de conviction, dans un but religieux ou philosophique, quel qu'il soit.

» Le mot « philosophique » est mis ici par antithèse à « religieux ».

» D'un autre côté, le décret ne spécifie pas les moyens autorisés, il ne dit pas « par la presse » plutôt que par tel autre procédé, mais par tous les moyens possibles de persuasion.

» Ainsi, recourez-vous à la parole ? Pas d'entrave possible. Faites-vous appel à l'écriture ? Liberté complète. Entendez-vous recourir à la presse, moyen plus actif, vous avez la liberté de la presse. Si vous voulez agir par un autre mode, par le dessin, par la peinture, par le théâtre, par les beaux-arts, liberté toujours, car la pensée est libre dans sa marche : manifester ses opinions, voilà le droit . . . .

» Le gouvernement provisoire veut que la pensée puisse circuler librement. On ne peut soutenir qu'il soit interdit de penser ou d'écrire telle chose,

prétation littérale, restrictive, a amené une pratique absolument contraire au but même du décret.

Ce n'est pas la première fois que semblable erreur se produit dans la matière qui nous occupe.

Le droit, pas plus que les autres sciences, n'échappe à cette mauvaise fortune qui fait que les éléments originaires sont ceux que l'on examine le moins.

mais si cette chose peut être dite, pensée, écrite, on ne peut interdire tel mode de manifestation, de circulation, de publicité plutôt que tel autre.

» L'émancipation complète de tous les modes de manifestation d'opinions, si elle ne résultait pas suffisamment des termes du décret du 16 octobre 1830, résulterait à toute évidence du complément donné par le gouvernement provisoire lui-même.

» Le théâtre est un moyen de manifester sa pensée. Par le théâtre on peut attaquer ce que l'arrêté du gouvernement de 1814 défendait.

» Vient la libre manifestation de la pensée : tout ce qui peut se dire, s'écrire sans constituer un délit, pourra circuler de l'auteur au public par tous les moyens possibles de communication.

» Que fait le gouvernement provisoire ? Il déclare par son arrêté du 21 octobre 1830, que les théâtres sont libres, bien que par son arrêté du 16 octobre 1830, il cût décrété la libre manifestation de la pensée.

» Attendu, dit le décret, que la manifestation publique et libre de la » pensée est un droit déjà reconnu. »

» On aurait pu contester que le théâtre eût quelque chose de commun avec la liberté consacrée par le décret du 16 octobre 1830.

» Le gouvernement provisoire ne le veut pas. Il dit : « Le théâtre est une » forme de manifestation de la pensée. Toute manifestation de la pensée est » libre depuis quelques jours, je le déclare expressément pour le théâtre. » .

. . . .

» Si les manifestations de la pensée par le théâtre sont libres, c'est parce que ce sont des images vivantes.

» On a recours à des costumes, à des décors, et le mot *représentation* indique déjà par lui-même tout le rapport qu'il y a entre la manifestation de la pensée par le théâtre et celle qui se fait par des images.

» Le théâtre n'est qu'une reproduction ; l'acteur n'improvise pas.

» C'est donc la reproduction, l'image que le décret du 21 octobre autorise à l'égard du théâtre.

» Le gouvernement provisoire a été mû par la pensée large de permettre l'emploi de tel mode de manifestation qu'il plaît de choisir. »

ORTS. *Cour de cassation, Belgique judiciaire*, aud. 3 novembre 1863, t. XXI, p. 1566.

Dans l'espèce, on a appliqué, non pas l'esprit, mais la lettre du décret, et par habitude, par routine ou par la force naturelle des choses, on a constitué ainsi une doctrine, une jurisprudence qui se sont en quelque sorte indurées dans notre législation et qui ont engendré des erreurs bien fâcheuses.

L'embryogénie a été ici encore la science de la dernière heure.

Pour rétablir la vérité et la justice, nous n'aurons qu'à comparer les textes.

La convention nationale avait proclamé la liberté d'élever des théâtres et, comme corollaire, elle avait organisé le droit des auteurs sur leurs œuvres.

Cette organisation a été consacrée ensuite par de nombreuses dispositions de loi que nous avons rappelées. Elles ont été édictées à nouveau, confirmées et étendues par le décret du gouvernement provisoire du 21 octobre 1830.

C'était, comme nous venons de le dire plus haut, le complément indispensable de la liberté de la presse, proclamée cinq jours auparavant par le décret du 16 octobre 1830.

Par la presse et le théâtre, nos constituants assurent l'affranchissement complet de la pensée.

Certes, on peut admettre que la promulgation de ce décret ait eu lieu avec une certaine précipitation, au milieu d'événements qui se sont succédé au plus fort de la crise révolutionnaire, mais les décrets rendus par le gouvernement provisoire depuis le 24 septembre jusqu'à la réunion du congrès national, le 10 novembre 1830, n'en sont pas moins des lois glorieuses qui ont été confirmées par le vote approbatif du congrès et qui constituent les bases sur lesquelles fut édifiée notre immortelle constitution.

Pour rendre exactement la pensée du constituant, il convient donc de tenir compte du but qu'il s'est proposé au milieu des circonstances difficiles où il était placé. On ne peut, à cet égard, méconnaître la pensée généreuse, le souffle de liberté et d'émancipation qui animait nos constituants et qui a tout renversé :

« Attendu que la manifestation publique et libre de
» la pensée est un droit déjà reconnu et qu'il y a lieu
» de faire disparaître, au théâtre comme ailleurs, les en-
» traves par lesquelles le pouvoir en a gêné l'exercice. »

Voilà la proclamation de principe.

Et si ce décret a été, en quelque sorte, improvisé, on ne peut contester qu'il reproduit exactement les dispositions des lois antérieures.

Les meilleures lois, d'ailleurs, ne sont pas celles dont la discussion et le vote sont le plus laborieux, nous en voyons souvent l'exemple.

Il faut donc retourner aux sources où le constituant de 1830 lui-même a puisé, et nous pourrons apprécier exactement ainsi le sens et la portée du décret de 1830.

Les décrets du gouvernement provisoire n'ont fait l'objet d'aucun exposé, d'aucun rapport, d'aucune discussion, et spécialement celui du 21 octobre n'a été commenté par aucun des nombreux auteurs qui se sont occupés de la révolution de 1830.

Mais les dispositions légales de 1791, qui sont ainsi renouvelées dans notre législation, peuvent être admises comme le véritable exposé des motifs du décret de 1830.

CHAPITRE III

LE DÉCRET DE 1830 REPRODUIT ET ÉTEND LA LÉGISLATION ANTÉRIEURE

Une simple comparaison des textes prouvera que le gouvernement n'a fait que reproduire purement et simplement les termes des lois antérieures.

DÉCRET RELATIF AUX SPECTACLES.
(13-19 janvier 1791.)

« L'assemblée nationale, ouï le » rapport de son comité de consti- » tution, décrète ce qui suit :

» ARTICLE PREMIER. — *Tout ci- » toyen pourra élever un théâtre » public, et y faire représenter des » pièces de tous les genres, en fai- » sant, préalablement à l'établis- » sement de son théâtre, sa décla- » ration à la municipalité des » lieux.*

DÉCRET DU GOUVERNEMENT PROVI- SOIRE DU 21 OCTOBRE 1830.

« Le gouvernement provisoire,
» Attendu que la manifestation « publique et libre de la pensée » est un droit déjà reconnu et qu'il » y a lieu de faire disparaître, au » théâtre comme ailleurs, les en- » traves par lesquelles le pouvoir » en a gêné l'exercice ;
» Sur la proposition de l'admi- » nistration générale de la sûreté » publique,
» Arrête :

» ARTICLE PREMIER. — *Toute » personne peut élever un théâtre » public et y faire représenter des » pièces de tout genre, en faisant, » préalablement à l'établissement » de son théâtre, sa déclaration » à l'administration municipale » du lieu.*

» Art. 2. — Les ouvrages des
» auteurs morts depuis cinq ans et
» plus sont une propriété publique,
» et peuvent, nonobstant tous les
» anciens priviléges qui sont abolis,
» être représentés sur tous les
» théâtres indistinctement.

» Art. 3. — *Les ouvrages des*
» *auteurs vivants ne pourront*
» *être représentés sur aucun théâ-*
» *tre public, dans toute l'étendue*
» *de la France, sans le consente-*
» *ment formel et par écrit des*
» *auteurs, sous peine de confisca-*
» *tion du produit total des repré-*
» *sentations au profit des auteurs.*

» Art. 4. — La disposition de
» l'article 3 s'applique aux ouvra-
» ges déjà représentés, quels que
» soient les anciens règlements.
» Néanmoins les actes qui auraient
» été passés entre des comédiens et
» des auteurs vivants, ou des au-
» teurs morts depuis moins de cinq
» ans, seront exécutés.
» Art. 5. — *Les héritiers ou*
» *cessionnaires des auteurs seront*
» *propriétaires de leurs ouvrages*
» *durant l'espace de cinq années*
» *après la mort de l'auteur.* »

» Art. 2. — La représentation
» d'une pièce ne pourra être défen-
» due, sauf la responsabilité de
» l'auteur et des acteurs.

» Art. 3. — Les règlements de
» police actuellement existants se-
» ront revus, sans retard ; jusqu'a-
» lors ils seront provisoirement
» exécutés en tant qu'ils ne sont pas
» contraires au présent arrêté.

» Art. 4. — *Toute composition*
» *dramatique d'un auteur belge*
» *ou étranger, représentée pour*
» *la première fois sur un théâtre*
» *de la Belgique, ne pourra être*
» *représentée sur aucun théâtre*
» *public, dans toute l'étendue du*
» *territoire belge, sans le consen-*
» *tement formel et par écrit de*
» *l'auteur, sous peine de confisca-*
» *cation, à son profit, du produit*
» *total des représentations.*

» Art. 5. — *Les héritiers en*
» *ligne directe, descendants des*
» *auteurs, et à leur défaut l'é-*
» *pouse survivante, succèdent à*
» *la propriété des ouvrages et con-*
» *servent les droits qui en dérivent*
» *pendant dix ans après la mort*
» *des auteurs.* »

Il résulte clairement de cette comparaison des textes
que le décret de 1830 ne fait que renouveler les termes

de celui de 1791, et la loi du 14 juillet-6 août 1793 reproduit le même texte, en disant :

« ARTICLE PREMIER. — Conformément aux disposi-
» tions des articles 3 et 4 du décret du 13 janvier der-
» nier, concernant les spectacles, *les ouvrages des au-*
» *teurs vivants,*même ceux qui étaient représentés avant
» cette époque, soit qu'ils fussent ou non gravés ou im-
» primés, *ne pourront être représentés sur aucun théâtre*
» *public dans toute l'étendue du royaume, sans le consen-*
» *tement formel et par écrit des auteurs,* ou sans celui de
» leurs héritiers ou cessionnaires, pour les ouvrages des
» auteurs morts depuis moins de cinq ans, *sous peine*
» *de confiscation du produit total des représentations,*
» au profit de l'auteur ou de ses héritiers ou cession-
» naires. »

On le voit, le doute n'est pas permis. Ce sont les expressions des lois de 1791 et de 1793 qui sont reprises
en 1830.

On peut même dire que le législateur de 1830 a voulu
davantage que celui de 1791 et de 1793, puisque le décret de 1791 parle « *des auteurs vivants* », celui de 1830
parle « *des auteurs belges ou étrangers* ».

En outre, le décret de 1791 concède des droits aux cessionnaires ou héritiers pendant cinq ans après la mort
des auteurs; le décret de 1830 étend ces droits à une
période de dix ans, comme le prescrivait, d'ailleurs, le
décret du 5 février 1810.

On peut donc en conclure que le décret de 1830 va
plus loin que ceux de 1791 et 1793 et qu'au lieu de
supprimer ou de réduire, il complète et étend la législation antérieure.

Nous croyons inutile d'insister sur le sens des mots

« composition dramatique ». Nous avons démontré, au chapitre précédent que cela doit s'entendre de toute conception **dramatique** ou musicale susceptible de la représentation ou **de l'exécution**.

La jurisprudence que **nous avons** rappelée, à cet égard, nous dispense d'en dire davantage ici.

CHAPITRE IV

Il résulte donc d'un simple examen des termes et du seul énoncé des décrets que le gouvernement provisoire de 1830 entre dans la voie libérale la plus large. Les principes qu'il émet ou qu'il reproduit, quand ils sont largement interprétés, restent encore, nous pouvons le proclamer avec un légitime orgueil, des modèles d'organisation de l'émancipation de la pensée.

La Belgique a su se dégager de toutes les entraves des régimes antérieurs pour marcher, le front haut, au premier rang des nations qui ont proclamé la liberté de la pensée humaine.

Le but des auteurs du décret de 1830 a donc été d'assurer la liberté la plus complète au point de vue de la manifestation des opinions.

Après avoir ainsi proclamé la liberté d'élever des théâtres, le décret organise les droits des auteurs sur leurs œuvres, et reproduisant les dispositions des lois de 1791, 1793, et de l'article 428 du code pénal, il fixe la sanction donnée à ces droits par la confiscation des recettes.

Cette disposition de l'article 4 du décret du 21 octobre 1830 est le corollaire naturel, logique, indispensable, de la liberté d'élever des théâtres proclamée par l'article premier.

Cette libre création serait singulièrement restreinte si on enlevait aux auteurs les droits légitimes qu'ils ont au point de vue de la reproduction de leurs œuvres par la représentation sur un théâtre et si on pouvait impunément mutiler, représenter leurs œuvres, et leur dénier, en même temps, la rémunération à laquelle ils ont droit.

Un semblable système constituerait une contradiction flagrante et inique.

Le décret ne peut donc proclamer, dans son article 1er, la manifestation publique et libre de la pensée, avec le droit pour chacun d'élever des théâtres, et organiser, dans son article 4, la piraterie littéraire et l'usurpation des œuvres dramatiques.

C'est cependant ce qui s'est produit dans la pratique.

On a soutenu, et là est la cause de tout le mal, que pour qu'il y eût application du décret de 1830 il fallait que l'œuvre fût représentée pour la première fois *originellement* en Belgique.

Cette interprétation a été admise jusqu'à ce jour, et il en résulte qu'on a prêté au constituant de 1830 une véritable absurdité.

Nous allons le démontrer.

CHAPITRE V

Il est bien établi que la législation de 1791 et 1793 proclamait la liberté des théâtres et organisait les droits des auteurs sur leurs œuvres, *même antérieures à ces décrets*. Il est bien reconnu que le législateur de 1830, voulant compléter l'émancipation de la pensée, proclamée par lui le 16 octobre, confirme et complète son œuvre en renouvelant et en étendant, dans le décret du 21 octobre, les dispositions empruntées à la révolution française.

Or, en décidant que ce décret ne s'applique qu'aux ouvrages *originellement* produits en Belgique, on détruit absolument l'esprit élevé du décret et on lui fait dire le contraire de ce qu'il a voulu.

En effet, il y avait à Bruxelles, en 1830, deux théâtres, celui de la Monnaie et celui du Parc.

Nous constatons qu'on y représentait surtout les œuvres de Boïeldieu, Hérold, Auber, Rossini, Adam, C. Delavigne, A. Dumas, Scribe, etc.

Le théâtre n'avait pas, à beaucoup près, l'importance qu'il a acquise depuis lors, et les auteurs, pas plus que les compositeurs, n'avaient intérêt à faire représenter *originellement* leurs œuvres en Belgique.

Ce raisonnement ne demande pas de démonstration.

La province n'était, également, au point de vue des théâtres, qu'un pâle reflet de Bruxelles. C'est donc faire une injure au constituant de 1830 que de soutenir qu'il a pompeusement annoncé que « la manifestation » publique et libre de la pensée est un droit déjà reconnu » et qu'il y a lieu de faire disparaître au théâtre comme » ailleurs les entraves par lesquelles le pouvoir en a » gêné l'exercice, » pour lui faire proclamer ensuite la liberté des théâtres, et comme conséquence immédiate, organiser la spoliation des œuvres du génie et de l'intelligence.

En définitive, subordonner le droit des auteurs à la première représentation *originelle* en Belgique, c'est la négation absolue et complète de leurs droits. Ce n'est évidemment pas ce que le législateur a voulu. Il avait si peu l'intention de dépouiller les auteurs qu'il a étendu les termes des décrets de 1791, en visant explicitement les *étrangers* et en portant les droits des héritiers de cinq à dix ans.

Quant aux auteurs nationaux, ils sont également dépossédés de la protection du décret de 1830.

En effet, les auteurs nationaux les plus recherchés, les plus renommés, voient accueillir leurs œuvres sur les premières scènes de France ou d'Allemagne. C'est le cas de Gevaert, Limnander, Grisar, qui ont fait représenter, *pour la première fois*, leurs œuvres sur les théâtres les plus importants de Paris. C'est le cas de Lassen, Deswert, Mertens, qui ont produit des ouvrages importants sur les scènes d'Allemagne. C'est le cas d'Hennequin, Vanloo, qui comptent un répertoire nombreux de comédies, lesquelles sont nées *originellement* en France. ·

Et tous ces auteurs seraient dépouillés de leurs droits, en vertu du décret de 1830, parce qu'ils auraient eu le grand honneur d'aller soutenir, avec éclat, à l'étranger la réputation artistique de la Belgique !

Il suffit de signaler cette étrange conséquence pour faire complète justice d'une semblable interprétation.

Mais il y a plus fort encore. Le Belge lui-même ne serait plus protégé par le décret. On lui enlèverait la complète propriété de ses œuvres produites *originellement* en dehors du territoire du royaume, tandis que l'étranger pourrait, en vertu des conventions littéraires, requérir la protection du décret de 1830 pour les ouvrages nés en Belgique ou à l'étranger.

Cela est évident, puisque tous les traités s'appliquent aux œuvres représentées dans les pays contractants.

Semblable situation est impossible, car il est incontestable que la bizarre interprétation que nous combattons ne viendrait atteindre que les auteurs nationaux. Or il n'est pas admissible que pareille conséquence ait pu naître, un seul instant, dans la pensée des constituants de 1830.

Les œuvres les plus considérables de nos compatriotes : *Quentin Durward, le Capitaine Henriot, le Billet de Marguerite,* de Gevaert ; *les Monténégrins,* de Limnander ; *Gilles Ravisseur, les Porcherons, les Amours du Diable, le Chien du Jardinier, la Chatte merveilleuse,* de Grisar, représentés en France ; *le Capitaine noir,* de Mertens, représenté à La Haye ; *Faust,* de Lassen, joué en Allemagne, les comédies d'Hennequin, *les*

Trois Chapeaux, le Procès Veauradieux, Bébé, les Dominos roses, et d'autres succès plusieurs fois centenaires ; les opérettes de Vanloo, la *Petite Mariée, Giroflée-Girofla*, la *Marjolaine*, etc. ; tant d'autres ouvrages dus à nos compatriotes échapperaient à l'application du décret du 21 octobre 1830. Mais de misérables ouvrages qui sont venus pitoyablement avorter sur des scènes de Bruxelles ou de la province, et qui sont tombés après une représentation unique, d'autres productions baroques, le *Tourneur de corde ou le Cadavre récalcitrant, Bazouf ou les Pieds de Philomène,* voilà les produits de l'intelligence nationale auxquels on assurerait la protection de la loi belge.

Telles sont les conséquences de l'interprétation étroite et restrictive qui a prévalu jusqu'aujourd'hui, au grand détriment de l'art et des intérêts moraux et matériels de nos compatriotes.

La Belgique compte des compositeurs et des écrivains qui font sa gloire en relevant au delà des frontières la renommée artistique de leur pays.

Ils sont allés conquérir, comme Gevaert et Limnander, les titres de membres de l'Institut de France et des principales associations artistiques de l'Europe.

Eh bien, ceux-là seraient dépouillés de leurs droits, en Belgique, parce que les circonstances, les nécessités ou l'importance de l'interprétation de leurs œuvres les auraient amenés à faire représenter leurs ouvrages sur les premières scènes de l'étranger. Et ceux-là seraient dépossédés, dépouillés, de par une loi de leur pays ! Chacun pourrait s'emparer de leurs œuvres ! On pourrait les représenter, les adultérer sous leurs yeux, sans qu'il leur fût loisible de défendre les productions de leur génie ou de leur imagination !

N'est-il pas douloureux de voir frapper ainsi de la proscription la plus arbitraire et la plus inique les œuvres de nos contemporains, de nos compatriotes, de nos amis? Peut-on admettre que, par une interprétation littérale d'un texte de loi, on les dépouille de leur bien, eux et leurs héritiers?

Ce système consacre aussi la spoliation des droits sacrés de la famille, il entraîne la négation du principe de la copropriété octroyée à la veuve, de la quasi-collaboration de la femme qui a partagé les triomphes de l'auteur, consolé ses espérances déçues, et qui a été la première dépositaire et souvent l'inspiratrice de sa pensée.

Les droits de la femme en cette matière sont une affirmation nouvelle du caractère exceptionnel et rémunératoire qui distingue les produits de l'esprit humain, de la propriété ordinaire, comme la pension, autre forme de rémunération sociale qui passe à la veuve avant d'arriver à l'enfant.

On ne peut rien imaginer de plus touchant que cette pensée, consacrée par le décret du 5 février 1810, qui assure les droits de viduité en même temps que la dignité de la femme. Le décret apporte par là un correctif au régime successoral du code civil de 1803 qui, ayant à régler l'ordre des héritiers, classe le conjoint parmi les « irréguliers » et le relègue au pénultième rang, entre l'enfant naturel et l'État! — Voir ses articles 723, 724, 767 à 772. — Voilà un point à réformer par la revision prochaine du code civil. Le décret de 1810 est un acheminement. Combien de fois, en effet, l'épouse n'a-t-elle pas apporté à l'auteur le concours d'un cœur droit et d'un esprit élevé!

On cède peut-être un peu ici à un sentiment chevale-
resque, mais on protége méritoirement celle qui est
l'âme de la famille, cette garantie de discipline de la
société, on récompense comme il le faut la compagne
de ces ouvriers de la pensée qui préparent toutes les
réformes sociales et humanitaires.

Protestons donc contre un système d'interprétation
destructive de toute idée de justice ou de raison. Deman-
dons que l'on fasse bientôt disparaître semblable anomalie. Revenons à l'application juste, sage, rationnelle,
de la pensée qui domine les décrets du gouvernement
provisoire.

Les œuvres représentées pour la première fois *originellement* en Belgique sont la rarissime exception, et cela
était bien plus vrai encore en 1830 qu'aujourd'hui.

On ne donne guère *originellement* en Belgique la
primeur des ouvrages. A part quelques honorables
exceptions, dont le petit nombre est la conséquence
d'une organisation fâcheuse ou de circonstances spéciales, on peut dire que nous ne voyons éclore sur le territoire belge que des œuvres que les auteurs ne parvien-
nent pas à faire recevoir sur les grandes scènes de
l'étranger et notamment de Paris.

Par la force des choses, le mouvement artistique et
intellectuel se centralise dans les grandes capitales, et
Paris semble, à cet égard, jouir d'une sorte de mono-
pole, non seulement à raison de sa valeur scientifique
ou artistique, mais encore à raison des avantages de
toute nature qu'elle offre aux hommes qui cultivent les
sciences et les arts.

C'est ainsi que les auteurs, les écrivains, les artistes,
les compositeurs de tous les pays, se dirigent vers ce

grand foyer intellectuel, et nos meilleurs compositeurs, nos plus célèbres écrivains, subissent la domination de cette loi d'attraction.

C'est pour notre pays un grand honneur de voir ses enfants remporter à l'étranger des succès dans ce grand combat pour l'existence intellectuelle et scientifique.

Ils profitent largement de cette hospitalité qui restera un brillant attribut du caractère français, et c'est aussi ce qui concourt à la gloire de cette généreuse nation.

Les œuvres de nos compatriotes représentées sur les premières scènes de Paris participent à l'éclat et au retentissement des succès parisiens, et elles font ainsi allègrement le tour du monde, au grand avantage du nom belge et au grand profit des auteurs nationaux.

Il résulte, à la plus haute évidence, des considérations que nous venons de développer que l'application qui a été faite du décret du 21 octobre 1830 est erronée.

La justice, la raison, la vérité historique, le préambule du décret, son texte, la pensée de ses auteurs, tout réclame contre la doctrine qui a été admise.

Les termes : *toute composition dramatique d'un auteur belge ou étranger*, REPRÉSENTÉE POUR LA PREMIÈRE FOIS SUR UN THÉATRE DE LA BELGIQUE, doivent s'entendre de tout ouvrage qui est représenté, non pas seulement *originellement*, mais néanmoins pour la première fois sur un théâtre de la Belgique, c'est-à-dire que, dès qu'un ouvrage aura été représenté sur un théâtre de la Belgique, il se placera sous la sauvegarde du décret et « au-
» cune représentation ne pourra en être donnée sans le
» consentement formel et par écrit de l'auteur, sous
» peine de confiscation à son profit du produit total
» des représentations. »

Cette interprétation que nous préconisons n'est pas contraire au texte. Elle est conforme à la législation antérieure que le décret ne fait que reproduire. Elle répond à la pensée de ses auteurs et aux idées de liberté, de justice et d'émancipation qui dominaient pendant notre époque révolutionnaire.

Si notre système est admis, il en résulte que les auteurs nationaux et étrangers trouvent dans la législation belge ainsi établie la reconnaissance complète de leurs œuvres au point de vue dramatique et musical et une protection absolue de leurs droits et de leurs intérêts.

CHAPITRE VI

Dans les conditions que nous venons d'indiquer, point n'était besoin, non plus, des conventions internationales pour la garantie réciproque des ouvrages dramatiques et musicaux.

Qu'on ne s'alarme pas des conséquences d'un pareil système.

Les auteurs français ont la pleine reconnaissance de la propriété de leurs œuvres, ainsi que nous l'avons démontré dans les chapitres précédents. Ce sont eux qui fournissent, presque exclusivement, à nos satisfactions intellectuelles. Les autres pays doivent pouvoir revendiquer les mêmes avantages (1).

(1) On finit par dénier à l'étranger le droit de propriété littéraire, par la raison que cette propriété est une création de la loi, et partant un droit civil. Toutefois cette opinion ne trouva point faveur. La cour de cassation la condamna en s'appuyant sur les lois du 19 juillet 1793 et du 5 février 1810. Celle de 1793, dit la cour, en définissant la propriété littéraire, ne distingue pas entre les Français et les étrangers. L'argument n'est pas solide : le silence de la loi ne prouve rien en cette matière, puisque aucune loi n'a fait l'énu-

Ce principe de l'assimilation de l'étranger au national en cette matière a été inscrit dans le projet de loi déposé par M. Charles Rogier sur la propriété littéraire en 1858. Il a été adopté par la section centrale de la chambre des représentants. Le remarquable rapport de M. Louis Hymans le constate, en disant :

« Le principe de l'assimilation absolue et complète des auteurs étrangers aux nationaux, en l'absence même

mération des droits civils et moins encore celle des droits naturels.

La loi de 1810 est plus explicite. L'article 40 est ainsi conçu : « Les auteurs, soit nationaux, soit *étrangers*, de tout ouvrage imprimé ou gravé, peuvent céder leur droit à un imprimeur ou à toute autre personne, qui est alors substituée en leur lieu et place, pour eux et leurs représentants ». Or, l'étranger ne peut céder un droit, c'est-à-dire le vendre, sans en être lui-même propriétaire.

On ne peut objecter que le droit ne devient utile qu'entre les mains d'un cessionnaire français. L'objection implique une impossibilité juridique, c'est que le cessionnaire aurait un droit que n'a pas le cédant. Tel est aussi l'avis de Renouard : « C'est une disposition *libérale* et sage, dit-il, que celle par laquelle le décret de 1810 confère aux étrangers le même droit qu'aux Français. pour les ouvrages dont la première publication a eu lieu en France. Cette assimilation, digne d'un *pays hospitalier*, est favorable à notre industrie, à nos relations sociales. Elle est conforme à l'esprit général de notre législation, surtout depuis l'abolition du droit d'aubaine » . . . .

Voilà un décret auquel j'applaudis des deux mains. C'est un pas vers la réalisation de l idéal de notre science, la communauté de droit entre les nations.

Oui, il y a une *justice universelle*, c'est le lien qui unit les hommes, à quelque nation qu'ils appartiennent. Aux yeux de la justice, il n'y a point d'étrangers, tout homme doit jouir partout des droits qui lui appartiennent, et si ces droits ont besoin d'une sanction, c'est un devoir pour le législateur de la leur accorder. Telle est la propriété littéraire. Grâce au décret de 1852, la piraterie littéraire a cessé de déshonorer les peuples civilisés. De nombreux traités ont réprimé comme un délit la honteuse exploitation qui, jusque-là, était considérée comme un droit. Telle est la convention intervenue entre la Belgique et la France, du 1er mai 1861, approuvée par la loi du 27 mai 1861. Notre législation reconnaissait, à la vérité, la propriété de l'auteur étranger qui publiait son ouvrage en Belgique ; la loi du 25 janvier 1817 n'exigeait qu'une condition pour assurer la propriété de tout auteur, c'est que l'éditeur fût habitant des Pays-Bas (article 6) ; mais cette disposition ne profitait guère aux auteurs étrangers. La Belgique était le siége d'une contrefaçon active, au grand préjudice de la littérature nationale et

de toute réciprocité, constitue un projet dont la Belgique sera fière un jour de revendiquer l'initiative. Déjà par les conventions conclues successivement avec la France, la Grande-Bretagne, les Pays-Bas, l'Espagne et la Sardaigne, elle a reconnu sur son territoire le droit des écrivains et des artistes de ces divers pays ».

Ce même principe a été reproduit dans le projet de loi déposé, sur le même sujet, par M. Delcour en 1876, et cela est d'ailleurs conforme à l'esprit de la constitution belge.

M. Thonissen, dans son commentaire de la constitution, dit : « La distinction entre l'étranger et le régnicole ne peut être illimitée. Le droit naturel et les lois de l'hospitalité doivent être respectés pour tous ceux qui foulent le sol de la Belgique. Tel est le caractère de l'article 128 de la constitution, qui place l'étranger et ses biens sous la protection des lois. »

Dès lors, peut-il être constitutionnel de soutenir qu'on ne peut enlever à l'étranger son bien meuble ou immeuble, mais qu'on peut l'exproprier, le dépouiller de sa propriété la plus légitime, la plus respectable et la plus personnelle, celle qui est le produit de son génie ou de son intelligence ?

au mépris du droit des auteurs français : la convention de 1861 nous a délivrés de cette honte.

Ainsi, la propriété littéraire est garantie par les lois, non à titre de droit civil, mais comme un droit naturel. Cependant, si l'on s'en tenait à la notion des droits civils, il faudrait ranger la propriété littéraire parmi ces droits. En effet, c'est une propriété d'une nature toute spéciale. La propriété est, de son essence, perpétuelle. Conçoit-on une propriété temporaire, limitée à la vie du propriétaire, et continuée au profit des héritiers pendant un court espace de temps, dix ans d'après la loi française, vingt ans d'après la loi belge ? Si l'on proposait de limiter ainsi la propriété ordinaire, on crierait avec raison au socialisme et au communisme : ce serait, en réalité, la destruction de la propriété,

LAURENT. — *Droit civil international.*

Et le rapport présenté par M. Raikem au congrès national porte : « Les étrangers sont placés sous la protection des lois; aucune autorité autre que le pouvoir législatif ne peut prendre des mesures exceptionnelles à leur égard. »

On le voit, l'étranger est protégé dans sa personne et dans ses biens, et on ne pourrait donc admettre qu'on pût lui enlever la propriété littéraire ou artistique.

Au surplus, comme nous le disions dans notre précédent travail, le droit d'auteur n'est pas un droit purement civil. Il dérive du droit des gens, comme le droit de se marier, de tester, de vendre, d'acheter, etc.

Il appartient donc aux étrangers autant qu'aux Belges. Spécialement l'action civile pour contrefaçon d'une œuvre d'art appartient à l'auteur étranger aussi bien qu'au regnicole.

L'étranger jouit en Belgique de tous les droits qui ont leur fondement dans le droit des gens et que la loi civile se borne à reconnaître et à régler (1).

Dans le droit des gens, il est de principe que les productions artistiques, qu'elles émanent d'étrangers ou de nationaux, sont placées sous la protection de chaque État (2).

La propriété artistique et industrielle est généralement reconnue aux étrangers (3).

Il résulte de la démonstration à laquelle nous venons

(1) *Belgique judiciaire*, tome XII, p. 269 et suivantes. Vʳ Merlin, Quest. Vᵒ *Prop. litt.*, § 2, p. 190 et suivantes; — Proudhon, I, 79; — Duranton, I, 168. — Coin-Delisle, p. 29, nᵒ 4.

(2) V. De Maertens, *Droit des gens*, §§ 93 et 100 ; De Vattel, § 115, p. 176.

(3) V. Dalloz, nouv. rép. Vᵒ *Droit civil*, nᵒ 197; Demolombe, I, nᵒ 246*bis;* Massé, *Revue de Législation*, XXI, p. 285; Legat, 281 ; Serigny, I, p. 251 et suivantes.

de nous livrer que le décret du 21 octobre 1830 ne fait que reproduire et étendre les dispositions de la législation antérieure, et que, dès lors, les auteurs et compositeurs nationaux et étrangers ont, en Belgique, la pleine propriété de leurs œuvres au point de vue de la représentation ou de l'exécution publiques.

En conséquence, toutes les conventions internationales conclues en vue de la garantie réciproque de la propriété littéraire et artistique sont inutiles au point de vue de la représentation des ouvrages dramatiques ou de l'exécution des œuvres musicales.

Il est fâcheux qu'une pratique abusive ait lésé d'aussi graves intérêts que ceux qui ont été atteints pendant plus d'un demi-siècle, et spécialement en ce qui concerne les intérêts français, on peut s'étonner qu'alors qu'ils avaient leur pleine reconnaissance en Belgique, on ait tenté de la leur enlever par une convention internationale qui, elle aussi, n'ayant aucune force légale malgré son caractère bilatéral, a reçu son application néanmoins pendant trente ans et a servi de base à une jurisprudence erronée, consacrée par la cour suprême.

Ici nous devons contester l'application de cet adage : *Res judicata pro veritate habetur.*

Tout cela est fâcheux, et il est du devoir de ceux qui ont la charge de conduire la société, de faire disparaître un état de choses qui entache la réputation de la Belgique et place, en matière d'art et de littérature, notre pays au dernier rang des peuples civilisés.

QUATRIÈME PARTIE

APPLICATION DES PRINCIPES DU DROIT INTERNATIONAL. — CONCLUSION

CHAPITRE PREMIER

Après avoir fait l'historique et le commentaire des dispositions légales qui régissent le théâtre, après avoir restitué aux auteurs et compositeurs étrangers les droits qui leur étaient refusés par une doctrine erronée et après avoir fait disparaître les anomalies et les contradictions qui s'étaient invétérées dans l'interprétation de la législation belge, nous devons constater que ce ne sont plus les lois du pays qui protègent les auteurs, mais bien les conventions conclues, au nom des auteurs, avec les exploitations théâtrales.

Ces conventions ne distinguent pas entre les nationaux et les étrangers. Tous les auteurs et compositeurs, à quelque nation qu'ils appartiennent et dont les œuvres sont représentées, participent également aux avantages qu'elles stipulent.

De là, un phénomène étrange. Ce sont les conventions littéraires internationales qui ont eu pour conséquence de procurer aux nationaux des avantages plus grands que ceux qui leur étaient attribués par les lois du pays.

Les étrangers ont pu, par application de la clause du traitement de la nation la plus favorisée, protéger l'exploitation de leurs productions intellectuelles et conclure, en Belgique, des traités dont ils ont fait bénéficier les nationaux.

C'est dans une bonne mesure que ces derniers ont profité de cette situation dont ils apprécient tous les avantages.

CHAPITRE II

Ce n'est pas tout. Les Belges peuvent aussi réclamer
dans d'autres pays le même traitement plus favorable
obtenu par les Français.

Ainsi, la France a conclu, avec l'Espagne, le 16 juin
1880, une convention littéraire qui accorde aux nationaux des deux pays les bénéfices de leur législation
respective.

Or, en France, la durée de la propriété est étendue à
la veuve d'un auteur pendant sa vie et aux héritiers
pendant cinquante ans après la mort des auteurs ou de
la veuve.

Les Espagnols jouissent, en France, de cette propriété
dans les mêmes conditions.

D'autre part, elle est étendue, en Espagne, pendant
quatre-vingt-dix ans après la mort des auteurs.

Les Français ont, de par la convention franco-espa-
gnole, en Espagne, les mêmes droits que les Espagnols.

Or, par application de la clause du traitement de la
nation la plus favorisée, les Belges peuvent réclamer
aux pays avec lesquels elle a des traités, les mêmes

avantages concédés à des tiers (1), et, alors que les nationaux ne possèdent en Belgique et qu'ils n'y concèdent aux étrangers que la propriété des ouvrages dramatiques pendant dix ans après la mort des auteurs, ils peuvent revendiquer pour eux et leurs ayants-droit une durée de quatre-vingt-dix ans en Espagne et de cinquante ans en France.

C'est là une singulière anomalie et dont nous pourrions citer encore d'autres exemples.

---

(1) QUESTION DE LA SECTION CENTRALE.

Les avantages qui seraient ainsi accordés en Belgique, par l'effet du traité avec l'Espagne, aux auteurs appartenant à d'autres pays, seraient-ils acquis en même temps aux auteurs belges dans ces pays ?

RÉPONSE DU GOUVERNEMENT.

Le droit de la Belgique serait, dans le cas prévu, de réclamer des pays dont il s'agit et dans les limites de ses traités avec eux, la jouissance des avantages que ceux-ci auraient eux-mêmes accordés à d'autres nations étrangères.

Rapport de la section centrale de la chambre des représentants chargée de l'examen de la convention littéraire hispano-belge.

CHAPITRE III

D'autre part, nous avons signalé que la convention
franco-belge parle d'une manière formelle des *exécutions* musicales, alors que les lois de la Belgique n'ont
jamais indiqué, d'une manière explicite, les œuvres
musicales au point de vue de l'*exécution* publique.

C'est la première fois que le mot *exécution*, s'appliquant à la musique, figure ainsi dans le texte de la loi.
Il en résulte que les avantages de la convention-loi
s'étendent en Belgique, sans conteste, à l'exécution des
œuvres musicales des compositeurs français.

C'est aussi ce que constate M. Bozérian dans son rapport au sénat français, le 2 mai 1882. Il fait remarquer
que l'introduction du mot *exécution* dans le texte de la
convention est la consécration, par le traité franco-belge,
de l'assimilation de l'*exécution* à la *représentation*, admise
par la jurisprudence française.

Nous croyons avoir démontré que l'esprit de la législation comprend les compositions littéraires et musicales
sous la dénomination d'ouvrages dramatiques. Mais en
attendant que la jurisprudence belge s'établisse en ce
sens, il n'en est pas moins vrai qu'il reste là encore un

point sujet à controverse pour les nationaux, tandis qu'il est indiscutablement tranché en faveur des compositeurs étrangers.

Il y a dans cette bizarre opposition une divergence qui choque la raison et le bon sens.

Cette situation investit les étrangers, en Belgique, d'avantages plus grands que ceux que la loi accorde aux nationaux. De même, elle donne aux Belges à l'étranger, des avantages beaucoup plus étendus que ceux qui leur sont reconnus par les lois de leur pays.

On comprend, dès lors, combien il est désirable qu'une convention générale internationale vienne bientôt introduire l'unité dans le domaine de la propriété littéraire et artistique.

CHAPITRE IV

GÉNÉRALISATION DU RÉGIME ACCORDÉ AUX ITALIENS ET
INTRODUCTION DU SYSTÈME DE L'ARBITRAGE INTERNATIONAL
COMME CONSÉQUENCE DU TRAITEMENT DE LA NATION LA
PLUS FAVORISÉE.

Dans la première partie de notre travail nous avons indiqué la solution des difficultés de la convention franco-belge, par l'interprétation juste et extensive de cet acte diplomatique.

Nous nous sommes réservé, à cet égard, un nouveau moyen d'application. Nous le puisons dans la convention de commerce et de navigation conclue, par la Belgique avec l'Italie, le 11 décembre 1882 et promulguée le 30 décembre 1882, c'est-à-dire postérieurement au traité français. Nous y trouvons un article 3 ainsi conçu :
« Les sujets de chacune des hautes parties contractantes
» jouiront dans les territoires de l'autre de la plénitude
» des droits civils comme les nationaux. En consé-
» quence, ils auront le droit d'y posséder des biens de
» toute espèce et d'en disposer de la même manière
» que les nationaux..... »
Les Italiens ont donc en Belgique la plénitude des droits civils et ils peuvent y posséder des biens de toute espèce et en disposer comme le peuvent les Belges.

Or, la propriété littéraire et artistique est certes un

bien, et le droit d'en disposer est évidemment un droit civil.

Nous n'avons pas cru nécessaire de signaler plus avant cet acte diplomatique et nous n'en avons pas revendiqué les avantages pour les Français par application du traitement de la nation la plus favorisée, parce que l'interprétation que nous avons donnée de la convention franco-belge dans la première partie de ce travail et le commentaire fait par ses auteurs eux-mêmes nous dispensaient de recourir à une argumentation complémentaire.

Nous sommes surtout amené à citer le traité avec l'Italie parce qu'il inaugure dans notre législation internationale civile un principe emprunté au droit international politique. L'initiative de cette innovation honore ses auteurs.

L'article 20, en effet, consacre le système de l'arbitrage international pour vider les contestations résultant de l'interprétation des traités. Voici cet article :

Art. 20. — « Si quelque difficulté surgissait à l'occasion soit de l'interprétation, soit de l'exécution des articles qui précèdent, les deux hautes parties contractantes, après avoir épuisé tous les moyens d'arriver directement à un accord, s'engagent à s'en rapporter à la décision d'une commission d'arbitres.

« Cette commission sera composée d'un nombre égal d'arbitres choisis par les hautes parties contractantes et d'un arbitre choisi par la commission elle-même.

« La procédure à suivre sera déterminée par les arbitres, à moins qu'une entente ne soit intervenue à cet égard entre le gouvernement belge et le gouvernement italien. »

Les rapports faits à la chambre belge par M. Léon d'Andrimont, au sénat par M. de Labbeville, signalent les mérites de cette procédure pacificatrice.

C'est là un fait capital que M. Frère-Orban, chef du cabinet belge, n'a pas suffisamment mis en relief, pensons-nous, et nous croyons devoir le signaler et en faire remonter l'honneur à l'éminent homme d'État qui a fait inscrire ce salutaire principe dans le traité du 11-30 décembre 1882.

Nous ne voulons pas déduire ici toutes les conséquences d'une pareille clause compromissoire, mais nous constatons qu'elle nous fera faire un grand pas dans la voie d'une législation internationale régissant les productions du génie et de l'imagination.

Aussi n'est-ce pas sans un sentiment d'émotion que nous relevons le langage d'un autre membre du gouvernement belge, M. Rolin-Jacquemyns, ministre de l'intérieur, directeur de l'Académie royale de Belgique, ouvrant la séance de la classe des lettres, le 9 mai 1883, par un discours sur l'arbitrage international.

« C'est bien moins, disait-il, d'institutions nouvelles et de déclarations solennelles que du besoin grandissant de justice et de paix, de l'affermissement de la conscience du droit, qu'il faut attendre le recours plus fréquent à l'arbitrage pour les contestations internationales qui sont susceptibles d'être décidées par ce moyen.

» Quant aux autres, personne ne peut prédire qu'à un moment donné l'esprit de conquête, d'agression injuste, ne s'emparera pas d'un souverain ou d'une nation.

» Il semble cependant raisonnable d'espérer que les causes de guerre entre nations civilisées iront s'éloignant, à mesure que leur dépendance mutuelle s'accroîtra par le développement de leurs relations privées, et que, d'un autre côté, chacune d'elles sera plus pénétrée de la nécessité d'observer ses obligations internationales.

» *Sous ce rapport, les nations neutres ont un rôle important à jouer. Elles doivent donner l'exemple du respect de ce droit qui les protége.*

» *Elles le doivent, en maintenant chez elles l'ordre et la justice, non-seulement à leur profit, mais au profit des autres nations, ou plutôt dans l'intérêt général de la société et de la civilisation.* »

Après de pareils actes, après de pareilles déclarations entourées du prestige et de l'autorité des hauts fonctionnaires qui président au gouvernement du pays, nous pouvons légitimement espérer une prompte et efficace solution qui garantira le domaine de la raison, de l'ordre et de la justice (1).

---

(1) On lira avec autant d'intérêt que de fruit l'article *Arbitrage international* dans le tome IX, p. 361 à 379, des *Pandectes Belges* publiées, chez l'éditeur *Ferdinand Larcier*, par un comité de magistrats et d'avocats à la tête duquel se trouvent M. EDMOND PICARD, avocat à la cour de cassation de Belgique, et M. N. D'HOFFSCHMIDT, conseiller à la cour d'appel de Liége. — On y remarquera au n° 12 le vœu émis, en 1875, par les chambres belges, sur la proposition de MM. Couvreur, Thonissen et 'T Kint de Roodenbeke, en faveur de la généralisation de l'arbitrage international.

CHAPITRE V

NÉCESSITÉ D'UNE CONVENTION INTERNATIONALE SUR LA
PROPRIÉTÉ LITTÉRAIRE ET ARTISTIQUE

En tenant compte du fait que nous venons de rapporter, nous avons vu avec joie, dans le rapport fait par
M. Bozérian au sénat français le 2 mai 1882, que dix
États européens, parmi lesquels figure la Belgique,
avaient donné leur adhésion au projet de convention
internationale élaboré en 1880 et que des démarches
étaient renouvelées en vue d'arriver à la prompte conclusion de cet instrument diplomatique qui établira un
régime uniforme pour toutes les productions intellectuelles.

On sait que de nombreuses tentatives avaient été faites,
jusqu'ici en vain, dans le même sens.

Le congrès de Bruxelles en 1858, d'Anvers en 1861
et 1878, de Paris et de Londres en 1879, de Bruxelles
en 1880, l'Académie de Belgique, les cercles littéraires et
artistiques à différentes époques, ont émis des vœux
concordants.

La Belgique, qui semblait prendre, en 1858, l'initiative brillante d'une proposition de loi, n'a prouvé, hélas,
jusqu'ici que son impuissance à légiférer sur cette

matière, et depuis lors, elle s'est laissé devancer par la plupart des États européens.

La France, l'Italie, l'Espagne, l'Allemagne (1870), l'Autriche, le Portugal, la Hollande, ont voté des lois qui assurent la reconnaissance des productions du domaine de l'intelligence, de la science et du génie.

On peut donc soutenir que les lois de ces pays contiennent les éléments qui pourront servir de base à cette entente internationale, si ardemment désirée par les amis des lettres et des arts.

Cependant aucune solution n'est intervenue. On peut espérer que l'accord est prochain, puisque dix États européens, y compris la Belgique, ont adhéré au projet de convention internationale élaboré à Paris en 1880.

Nous n'en connaissons pas les termes, mais nous croyons qu'il ne s'écarte guère du projet de loi préparé par M. Turquet et déposé sur le bureau de la chambre française en août 1879.

En voici le texte :

Article premier. — « La propriété artistique consiste dans le droit exclusif de reproduction, d'exécution et de représentation. Nul ne peut reproduire, exécuter ou représenter l'œuvre de l'artiste en totalité ou en partie, sans son consentement, quelles que soient la nature et l'importance de l'œuvre, et quel que soit le mode de reproduction, d'exécution ou de représentation.

« Les dispositions de la présente loi ne s'appliquent pas aux reproductions des œuvres photographiques.

Art. 2. — « Le droit de reproduction, d'exécution ou de représentation appartient à l'artiste pendant sa vie et, pendant cinquante années à partir du jour de son décès, à son conjoint survivant, à ses héritiers et ayants droit.

Art. 3. — « A moins de stipulations contraires, l'aliénation d'une œuvre appartenant aux arts du dessin n'entraîne pas, par elle-même, aliénation du droit de reproduction.

« Toutefois le droit de reproduction est aliéné avec l'œuvre d'art, lorsqu'il s'agit de portrait commandé.

Art. 4. — « L'aliénation du droit de publication des œuvres musicales n'entraîne pas, par elle-même, aliénation du droit d'exécution et de représentation, et réciproquement.

Art. 5. — « L'auteur d'une œuvre d'art ou ses ayants droit ne peuvent, pour exercer leur droit de reproduction, troubler dans sa possession le propriétaire de cette œuvre.

Art. 6. — « Sont assimilés à la contrefaçon :

« 1° Les reproductions ou imitations d'une œuvre d'art par un art différent, quels que soient les procédés et la matière employés ;

« 2° Les reproductions ou imitations d'une œuvre d'art par l'industrie ;

« 3° Toutes transcriptions ou tous arrangements d'œuvres musicales, sans l'autorisation de l'auteur ou de ses ayants droit.

Art. 7. — « Ceux qui auront usurpé le nom d'un artiste et qui l'auront frauduleusement fait apparaître sur une œuvre d'art dont il n'est pas l'auteur, ceux qui auront imité frauduleusement sa signature ou tout autre signe adopté par lui, seront punis d'un emprisonnement d'un an au moins et de cinq ans au plus et d'une amende de seize francs au moins et de cinq mille francs au plus, ou de l'une de ces peines seulement.

« Seront punis des mêmes peines ceux qui auront

sciemment vendu, mis en vente, recélé ou introduit sur le territoire français des œuvres d'art frauduleusement revêtues du nom d'un artiste, de sa signature ou de tout autre signe adopté par lui.

« L'article 463 du code pénal est applicable à la présente loi.

Art. 8. — « Il n'est pas dérogé aux dispositions antérieures qui n'ont rien de contraire à la présente loi. »

Nous croyons qu'il y a là un type d'excellentes formules qui satisferaient tous les intéressés, en même temps qu'elles garantiraient les droits de l'art et des artistes.

D'autre part, les vœux émis par la chambre française, lors de la discussion de la récente convention littéraire franco-belge, se trouvent consignés dans les articles qui suivent et que nous empruntons au rapport fait à la chambre des députés par M. Mézières, le 16 janvier 1882.

Article premier. — « Toute œuvre littéraire appartient exclusivement à son auteur, sa vie durant. Après lui, elle devient la propriété de ses ayants droit, et cette propriété aura, dans chaque pays contractant, la durée fixée par la loi pour les auteurs nationaux.

Art. 2. — « La traduction, n'étant qu'une des formes de la publication, ne peut être faite qu'avec l'autorisation de l'auteur ou de ses ayants droit. Dans ces conditions, elle jouit des mêmes droits que l'œuvre originale.

Art. 3. — « Les droits de l'auteur, en pays étranger, sont acquis par le seul fait du dépôt légal dans le pays d'origine.

Art. 4. — « Le droit absolu pour les auteurs et compositeurs dramatiques d'interdire ou d'autoriser la représentation, l'exécution et la publication de leurs œuvres, soit dans la langue originale, soit traduites, leur est garanti réciproquement dans chaque État.

« Ce droit s'applique aussi bien aux œuvres manuscrites ou autographiées qu'à celles qui sont imprimées, et la protection des lois leur est assurée dans chaque pays comme aux œuvres nationales.

Art. 5. — « Le droit de publication des œuvres dramatiques et musicales et leur droit de représentation et d'exécution sont absolument distincts l'un de l'autre, et la publication d'une œuvre n'autorise personne à la représentation ou à l'exécution sans le consentement de son auteur, pas plus que la représentation ou l'exécution n'autorise à la publier sans son consentement.

Art. 6. — « Les auteurs et compositeurs dramatiques jouiront des droits formulés ci-dessus et de la protection des lois, sans être obligés à aucune déclaration ou dépôt préalable, ni à aucune formalité. En cas de contestation, il leur suffira, pour établir leur propriété, de produire un certificat de l'autorité publique compétente du pays d'origine, attestant que l'œuvre en question y jouit de la protection légale acquise à toute œuvre originale.

Art. 7. — « Sont interdites les appropriations indirectes non autorisées, telles que adaptations, imitations dites de *bonne foi*, transcriptions ou arrangements, et généralement tout emprunt quelconque aux œuvres littéraires, dramatiques ou musicales, fait sans consentement de l'auteur. »

Nous avons groupé ainsi les divers éléments qui peuvent aider à la solution de l'intéressant problème de la propriété dramatique et musicale.

Nous avons vu les différents États européens résoudre des questions aussi ardues dans l'ordre matériel, par les conventions postales, par les traités faits pour l'échange du matériel des chemins de fer, le réseau télégraphique, le régime fluvial, les contraventions en matière de forêts, de chasse et de pêche, le service médical sur les frontières, la communication réciproque des actes de l'état civil, etc.

Nous espérons que l'on saura accomplir aussi ce progrès dans l'ordre des productions intellectuelles. On marquera ainsi une étape brillante dans l'histoire de la civilisation.

CHAPITRE VI

ACTES DES AUTORITÉS COMMUNALES RESTREIGNANT LA
LIBERTÉ DES THÉATRES

Nous avons exposé la nécessité de voir introduire, en cette matière, une législation internationale.

Nous devons maintenant, pour nous placer au point de vue spécial de la Belgique, reprendre cette question par le petit côté, et nous allons constater ainsi qu'il se trouve, en Belgique, malgré une législation aussi large que celle que nous avons analysée, des administrations locales qui prennent prétexte de la pudibonderie de leurs administrés pour enrayer le théâtre.

C'est ainsi que nous avons vu interdire, à Bruges, les représentations de *la Fille de Madame Angot, Giroflée-Girofla, la Mascotte, Tête de Linotte, les Effrontés, les Mousquetaires au couvent*, etc.

Un semblable état de choses appelle bien des réflexions. Elles ne sont pas à l'avantage de notre pays. Nous pensons que, malgré la disposition de la loi communale de 1836 sur laquelle les administrations communales se fondent, la légalité de ces mesures pourrait bien être contestée (1).

(1) L'article 97 dont il s'agit a été longuement discuté les 25 et 26 février 1836. MM. Vandenbussche, Seron, Gendebien, le combattirent comme inconstitutionnel et rétablissant la censure abolie.

MM. Nothomb, Jullien, Desmanet de Biesme, Fallon et d'Hoffschmidt

Nous voyons, ailleurs, un bourgmestre auner la longueur des jupes des danseuses. Une autre fois, nous voyons interdire l'ouverture d'un théâtre, par application d'un arrêté royal qui classe les théâtres parmi les établissements soumis à certaines formalités administratives.

Tout cela pourrait bien être contraire au décret de 1830. La question mérite d'être examinée à ce point de vue et il serait sage de mettre fin à un pareil état de choses.

On ne peut ainsi abandonner à la fantaisie, au caprice, à l'arbitraire des autorités locales, les mesures de ce genre qui peuvent aussi porter atteinte à la considération des auteurs et à leurs intérêts. Ces administrations prononcent sans appel en cette matière, car le pouvoir judiciaire incline à s'abstenir dans ces questions de compétence administrative.

La loi ne devrait-elle pas faire cesser une pareille situation? En déterminant exactement les droits et les obligations de chacun, on éviterait les abus qui se commettent chaque jour, on réglerait clairement les devoirs et les droits de ces administrations publiques qui, sous un frivole ou futile prétexte de préservation des bonnes mœurs, entravent le théâtre et empêchent le développement ou le perfectionnement du goût et de l'art.

Quoi qu'on fasse, on n'empêchera jamais le théâtre

insistèrent énergiquement pour que l'on se bornât à autoriser le collége échevinal à interdire les représentations *contraires à l'ordre public.*

L'article fut défendu par MM. de Theux, ministre de l'intérieur, et de Meulenaere, ministre des affaires étrangères, qui s'attachèrent à démontrer qu'il laisse entières les libertés constitutionnelles et que toute idée de censure était loin des intentions du gouvernement.

L'article fut adopté dans ces conditions par 38 voix contre 34.

d'être une double manifestation des caractères et des mœurs contemporaines. Toutes les productions scientifiques, artistiques ou physiologiques se reflètent pour constituer, au profit du théâtre, le plus admirable cadre de l'histoire.

L'acteur qui parle à l'esprit, le chanteur ou l'instrumentiste qui agit sur l'âme et les sens, sont les organes de la pensée qui sera toujours une image fidèle de l'organisation et de l'état de la société.

On ne peut vouloir comprimer ou réglementer cet art qui parle au cœur et aux sens, et quand on songe au développement prodigieux, inouï, du théâtre, quand on voit la place qu'il a prise dans les goûts et les mœurs publics, surtout en Belgique, on comprend que ceux qui ont la charge de diriger la société doivent songer à encourager, à diriger cet art utile qui peut produire des leçons de civisme et de vertu, en même temps qu'il développera les sentiments qui sont le charme de la famille et le lien de la société (1).

(1) DALLOZ dit dans la *Jurisprudence générale,* tome 42, 1re partie, v. Théâtre :

« Le théâtre enseigne comme l'école et parle comme la tribune, a écrit notre regretté ami, M. Vivien. On pourrait dire, non mieux que lui, mais avec plus de vérité peut-être, qu'il enseigne bien plus que l'école et exerce une influence plus grande que la tribune. En effet, il parle à la fois à l'intelligence, à l'âme et aux sens.

» Dans la comédie, il agit sur les auditeurs par la peinture la plus spirituelle et souvent la plus énergique des travers et des vices de l'humanité, peinture séduisante, mais d'autant plus dangereuse quelquefois à contempler que sous un habile pinceau le vice acquiert trop souvent des apparences de vertu.

» Dans la tragédie, il soulève le cœur humain à la hauteur de toutes les grandes passions. Dans l'opéra, il enivre le peuple entier par la magie de la musique, unie à la puissance de l'action, par les illusions des décors et l'entraînement magique de la scène. Le théâtre, étant en général le reflet des mœurs d'un peuple, doit naturellement suivre la marche de la société et progresser avec elle. »

CHAPITRE VII

EFFORTS TENTÉS EN BELGIQUE POUR OBTENIR UNE LOI SUR
LA MATIÈRE

Nous n'avons plus maintenant qu'à nous placer sous
le patronage de quelques hommes éminents qui, en
Belgique, ont toujours été au premier rang des défenseurs des droits des auteurs et des artistes.

Nous citons spécialement MM. Louis Hymans, Vervoort et Rolin-Jacquemyns.

M. Louis Hymans, par ses travaux parlementaires et
spécialement par son remarquable rapport sur le projet
de loi de 1858, a fait faire un grand pas à la question.
Par ses conférences, par ses ardentes polémiques dans
le congrès, dans la presse, il a préparé l'opinion
publique à une réforme qui s'impose aujourd'hui.

Dans la séance plénière du 21 août 1877, M. Vervoort,
l'un des anciens présidents de la chambre belge, le premier rapporteur de la loi de 1858, le président du
Cercle artistique et littéraire de Bruxelles, le défenseur si
autorisé du droit des auteurs et des artistes, disait au congrès d'Anvers, aux applaudissements de l'assemblée :

« Je propose de donner une conclusion pratique
à l'œuvre du congrès.

» Il importe que l'état de choses actuel cesse et que
de notre centenaire de Rubens sorte une résolution

pratique qui nous conduise à une loi rendant hommage à ce principe que les arts doivent être protégés.

» La gloire du pays exige que notre législation soit complète, quand il s'agit d'aller au secours d'aussi respectables intérêts.

» J'ai l'honneur de proposer à l'assemblée que le ministère belge soit invité à présenter à la chambre, dès sa rentrée au mois de novembre, un projet de loi conçu dans ce but.

Et M. Rolin-Jacquemyns ajoutait :

« Je ne viens pas combattre la proposition de M. Vervoort. Comme ami des arts et comme Belge, j'aurais le plus grand tort de ne pas m'y associer avec enthousiasme. L'éloquence de celui qui m'a précédé à cette tribune a trouvé un accueil d'autant plus cordial parmi vous qu'il représente, je crois, une pensée unanime.

» Nous sommes tous d'accord pour demander que le gouvernement belge n'attende pas que l'œuvre devienne universelle pour prendre l'initiative brillante d'un progrès à réaliser. Ce progrès est nécessaire pour toutes les raisons exposées par l'honorable M. Vervoort.

» Il est désirable que nous ayons le plus tôt possible une loi qui protége la propriété artistique contre les abus du genre de ceux qu'il vous a signalés. Il est donc extrêmement désirable, et je viens appuyer sa proposition en ce sens, que le gouvernement belge, sur l'initiative qui sera prise par la direction de ce congrès, se hâte de présenter une loi sur la matière. »

M. Rolin-Jacquemyns proposait, en outre, de soumettre la proposition à l'Institut de droit international, et il ajoutait :

« Je ne vois pas en quoi cela contrarierait la proposition de M. Vervoort et empêcherait la Belgique de prendre une initiative dont je suis fier comme Belge et comme citoyen de l'Europe. Et qu'après cela on cherche à faire appliquer cette législation à tous les États européens, ce sera, je pense, une tâche honorable pour toutes les illustrations qui travailleront à ce progrès, et j'ai la conviction que l'assemblée sera unanime pour adopter ce principe. » (Applaudissements).

Puis il terminait en disant :

« Je propose d'abord de faire une démarche auprès du ministère belge et du roi, pour qu'ils soumettent le plus tôt possible aux chambres un projet protégeant en Belgique la propriété artistique et défendant la contrefaçon.

» Ensuite de cette proposition, on nommera une commission composée d'artistes éminents, qui auront à s'entendre avec une délégation composée de juristes et à formuler un projet de traité, de manière à faire une œuvre universelle et internationale. »

M. Pécher résumait la discussion en ces termes :

« Le congrès se rallie aux principes du projet de loi de 1858, tant en ce qui concerne les œuvres d'art que les œuvres musicales, ainsi que le propose la section de législation (1). »

Cette proposition reçut l'adhésion unanime du congrès (2).

(1) La section de législation avait pour président M. Louis Hymans et pour rapporteur M. Raymond Dedeyn.

(2) Le 16 novembre 1877, M. Rolin-Jacquemyns, secrétaire de l'Institut de droit international, fit connaître que le bureau de l'Institut acceptait la mission qui lui était conférée par le Congrès d'Anvers et il demanda à ajouter aux membres désignés pour faire partie de la commission les délégués de l'art musical et de l'art dramatique.

CHAPITRE VIII

Tel est en Belgique l'état de la question.

Après l'étude que nous venons d'en faire, nous avons le droit de demander que ceux qui ont assumé la charge de gouverner la Belgique veuillent accepter les sages avis des hommes éminents dont nous venons de rappeler l'opinion et le langage.

Ils prouvent que l'origine la plus respectable de la propriété, c'est le travail, et que le produit le plus sacré du travail, c'est la création intellectuelle.

C'est un devoir pour la Belgique d'étendre progressivement les dispositions bienveillantes des lois antérieures et d'élargir le cadre qui sert de développement aux pensées généreuses des législateurs du passé.

Pour nous, Belges, le décret de 1830 est la première charte de la nouvelle époque. Il renouvelle une de ces grandes pensées qui viennent du cœur.

Nos législateurs contemporains se sont laissé devancer dans cette glorieuse lutte pour la revendication du droit des travailleurs qui nous procurent ces délassements de l'esprit qui sont autant de sources de lumière, de plaisir et de civilisation.

Après les naufrages successifs, après les essais impuissants et les tentatives infructueuses accumulés depuis trente-cinq ans, nos gouvernants se décideraient-ils à un effort viril qui mît fin à l'ère des spoliations lucratives et des pillages impunis.

Nous avons la conviction qu'ils sont à la hauteur d'une tâche aussi noble.

Ils sauront dissiper le chaos qui pèse sur les productions littéraires et artistiques. En attendant une réglementation européenne, ils sauront, par une loi belge, modeste mais féconde, donner un éclat nouveau au renom artistique de la Belgique.

Les intérêts généraux de l'art ne peuvent être plus longtemps abandonnés. Des intérêts privés respectables aussi sont en souffrance.

Il y a des circonstances où la mission du législateur participe de celle du juge.

En cette matière plus qu'en aucune autre, on devrait pouvoir dire de l'œuvre législative ce que la sagesse populaire applique aux tribunaux : *Prompte justice, bonne justice.*

TABLE

alphabétique et analytique

DES MATIÈRES

A

B

C

D

E

F

I

J

L

M

N

Nypels, professeur à l'université de Liége. Son opinion sur le maintien des art. 425 à 429 du code pénal de 1810, 13.

O

P

R

S

V

TABLE CHRONOLOGIQUE

DES JUGEMENTS ET DES ARRÊTS

cités ou textuellement reproduits

DANS LES NOTES DE L'OUVRAGE

N. B. Les *noms de ville* qui ne sont suivis d'aucune indication désignent les *cours d'appel*.

DATES	JURIDICTIONS	PARTIES EN CAUSE	ANNÉES	OBJET DU PROCÈS	PAGES
15 févr.	Seine, trib. corr.	Doche	1822	OEuvres music.	102
17 mai	Paris		1832	Soc.-Concerts	119
12 juillet	Paris		1835	Bal-Cirque	105
26 août	Paris		1837	Spectacle publ. Concerts	102
15 févr.	Liége		1844	Code pén. de 1810	86
10 févr.	Cassation, Belg.	De Pauw c. Van-derheyt		Code pén. de 1810	86
9 août	Bruxelles	Lemayeur	1845	Code pén. de 1810	86
15 juillet	Seine, trib. corr.		1850	OEuvres music. Café-Concert	105

DATES	JURIDICTIONS	PARTIES EN CAUSE	ANNÉES	OBJET DU PROCÈS	PAGES
7 janv.	Lyon		1852	Café-concert	106
24 juin	Cassation, Fr.			Café-concert	107
24 juin	Cassation, Fr.			Morceaux de musique	107
7 juillet	Seine, trib.			Café-chantant,	105
8 déc.	Lyon, trib. corr.			Café-concert	
				Romances	106
6 janv.	Paris		1853	Théâtre, représentation théâtrale	105, 121
18 févr.	Ixelles, just. paix	Hymans c. de Juvisy		Décret, 21 oct. 1830	149
11 avril	Paris			OEuvres music. importance	106
7 janv.	Brux,, just. paix	Van Peene c. Leytens	1854	Décret, 21 oct. 1830	149
12 mai	Nancy, trib. corr.	Berton c. Soc. philarm.		Société, concerts	122
16 déc.	Cass. Fr.	Soc. des aut. de mus. c. Institut musical		Société, concerts	105, 118 119, 124
12 juillet	Paris		1855	Musique	107
23 févr.	Riom	Poncer	1859	Etabliss. thermal, concerts	103
19 mai	Cass. Fr.			Café-concert	105
22 déc.	Bruxelles	Bertrand c. Labellonye		OEuvres, importance	90
5 mars	Dijon	Soc. des aut. de mus. c. Joliet	1860	Bureau de bienfaisance, maire	130
11 mai	Cass. Fr.	Soc. philharm. du Mans		Théâtre public, société, concert	103, 119 125
5 nov.	Cass. Belg.	Sermon		Code pénal de 1810	86
13 déc.	Poitiers	Soc. philharm. du Mans		Société, concert	126
9 mai	Lyon		1865	Café-concert	103
18 juillet	St-Quentin, tr. cor.		1867	Musique	128
26 déc.	Rennes			Musique	102
22 janv,	Cass. Fr.		1869	Cafetier, musiciens ambulants	103, 108
3 févr.	Oloron-Ste-Marie, trib. civ.			Etabl. thermal concerts, maire	128

DATES	JURIDICTIONS	PARTIES EN CAUSE	ANNÉES	OBJET DU PROCÈS	PAGES
3 juin	Nancy, trib. civ.		1869	Bienfaisance, maire	103, 132
4 juin	Toulouse	Champagne		Concert, absence de bénéfice	108, 131
28 juin	Douai	Reber c. cercle Beethoven		Société, mélodies	132
2 févr.	Liége		1870	Objets d'art industriel	.90
2 févr.	Gand, just. paix	Soc. des aut. de mus.	1871	OEuvre de charité, musique	120
17 juin	Brux., trib. corr.	Isch Wall. c. Heylighen	1873	Romances, chansonnettes	94
18 déc.	Bruxelles	Isch Wall c. Heylighen		Romances, chansonnettes	94
24 nov.	Paris	Campmartin	1876	Jardin public, concerts	104
17 mai	Bruxelles	Zola c. Driessens (*Assommoir*)	1880	Traduction, traitement de la nation la plus favorisée	7, 64
3 août	Brux., trib. civ.	Verdi c. Stoumon (*Aïda*)		Idem	20, 63
10 août	Bruxelles	Zola c. Driessens (*Assommoir*)		Idem	12, 64
28 janv.	Cass. Fr.	Cercle l'Union commerciale	1881	Société, concerts	136
6 avril	Aix	Cercle le Réveil		Société, concerts	134
21 juillet	Cass. Fr.			Idem	108, 137
12 déc.	Cass. Belg.	Deblois c. Rentiers		Société, publicité	144
1 avril	Cass. Fr.	Cercle le Réveil	1882	Société, concerts	135
23 mai	Anvers, trib. corr.			Poésies, œuv. musicales	92
4 janv.	Liége, tr. corr.	Trillet	1883	Motifs orchest. arrangements	94
12 janv,	Besançon, tr. corr.	Cercle cathol. de St-Joseph		Société, concerts	109, 139
13 mars	Paris	Cercle du Commerce		Société, concerts	138